Stockholm auf einen Blick

Auf ins Vergnügen 7

Stockholm an einem Wochenende 8
Zur richtigen Zeit am richtigen Ort 12
Stockholm für Citybummler 16
Stockholm für Kauflustige 18
Stockholm für Genießer 24
Stockholm am Abend 38
Stockholm für Kunst-
    und Museumsfreunde 45
Stockholm zum Träumen
    und Entspannen 48

Am Puls der Stadt 51

Das Antlitz der Metropole 52
Von den Anfängen bis zur Gegenwart 55
Leben in der Stadt 61
Mit der Millennium-Trilogie
    auf Entdeckungstour 63

◁ *Engel im Millesgården* ㊴
(Foto: 66st, Abb.: sk)

Stockholm entdecken 65

Gamla Stan (Altstadt) 66
❶ Reichstag (Riksdag) ★★ 66
❷ Mittelaltermuseum
    (Medeltidsmuseet) ★★ 67
❸ Königliches Stadtschloss
    (Kunliga Slottet) ★★★ 67
❹ Storkyrkan ★★ 70
❺ Stortorget ★★★ 71
❻ Tyska Kyrkan ★★ 74
❼ Järntorget ★ 75
❽ Riddarholmen ★★★ 75

Norrmalm 77
❾ Hauptbahnhof
    (Stockholm Centralstation) ★ 78
❿ Heumarkt (Hötorget) ★ 78
⓫ Sankt Klara Kyrka ★ 79
⓬ Sergels Torg ★★ 79
⓭ Kulturhuset ★ 80
⓮ Kungsträdgården ★ 81
⓯ Königliche Oper
    (Kunliga Operan) ★ 81
⓰ Skeppsholmen und
    Kastellholmen ★★★ 82

Inhalt

Kungsholmen 83
- ⑰ Stadshuset (Rathaus) ★★★ 83

Vasastan 85
- ⑱ Gustaf Vasa Kyrka ★ 86
- ⑲ Observatorium ★ 86

Östermalm 87
- ⑳ Stureplan ★★ 88
- ㉑ Kungliga Humlegården ★ 88
- ㉒ Strandvägen ★ 89

Djurgården 89
- ㉓ Nordisches Museum (Nordiska Museet) ★ 89
- ㉔ Vasa-Museum (Vasamuseet) ★★★ 92
- ㉕ Junibacken ★ 93
- ㉖ Aquaria Vattenmuseum ★ 93
- ㉗ Gröna Lund ★★ 93
- ㉘ Skansen ★★ 94

Södermalm 94
- ㉙ Stockholmer Stadtmuseum (Stockholms Stadsmuseum) ★ 95
- ㉚ Katarinahissen ★★ 95
- ㉛ Katarina-Viertel ★ 96
- ㉜ Mariaberget ★★ 97
- ㉝ Mariatorget ★★ 97
- ㉞ Medborgarplatsen ★ 98
- ㉟ SoFo ★★ 99
- ㊱ Långholmen ★★ 99

Exkurse zwischendurch

Das gibt es nur in Stockholm 11
Surströmming – die Kunst der
  Fermentierung 25
Smoker's Guide 39
Bellman – mit „Wein, Weib
  und Gesang" zur Nationalikone . . 70
Die Vasa 90
Verkehrsregeln 110
Unsere Literaturtipps 114

Entdeckungen außerhalb des Zentrums 100
- ㊲ Globen ★ 100
- ㊳ Kaknästornet ★ 100
- ㊴ Millesgården ★★ 101
- ㊵ Schärengarten ★★★ 101
- ㊶ Schloss Drottningholm ★★★ 102
- ㊷ Schloss Ulriksdal ★★ 104

Praktische Reisetipps 105

An- und Rückreise 106
Autofahren 108
Barrierefreies Reisen 111
Diplomatische Vertretungen 111
Geldfragen 112
Informationsquellen 113
Internet und Internetcafés 115
Medizinische Versorgung 115
Mit Kindern unterwegs 116
Notfälle 118
Öffnungszeiten 118
Post 119
Radfahren 119
Schwule und Lesben 120
Sicherheit 121
Sport und Erholung 121
Sprache 123
Stadttouren 123
Telefonieren 124
Uhrzeit 125
Unterkunft 125
Verkehrsmittel 129
Wetter und Reisezeit 130

Anhang 131

Kleine Sprachhilfe 132
Stockholm mit PC, Smartphone & Co. 136
Register 137
Die Autoren 140
Liste der Karteneinträge 141
Zeichenerklärung 144

Stefan Krull, Lars Dörenmeier

CITY|TRIP
STOCKHOLM

Nicht verpassen! — Karte S. 3

3 Königliches Stadtschloss [E4]
Das schon von außen durch seine gewaltigen Ausmaße beeindruckende Stadtschloss der königlichen Familie fasziniert auch im Innern mit vielen zu besichtigenden Prunkräumen und Museen (s. S. 67).

5 Stortorget [E5]
Nette Cafés, das Gewimmel unzähliger Menschen, die mittelalterlichen Gebäude und das nahe Nobelmuseum verströmen eine einzigartige Stimmung, die den Besucher in eine längst vergangen geglaubte Zeit zurückversetzt (s. S. 71).

8 Riddarholmen [D5]
Das kleine Riddarholmen kann fast schon als „Gesamtkunstwerk" bezeichnet werden. Paläste, die berühmte Begräbniskirche der schwedischen Könige und wunderschöne Panoramen nach Södermalm und zum Stadshuset liefern unvergessliche Eindrücke (s. S. 75).

16 Skeppsholmen [G5]
Zusammen mit der etwas kleineren Insel Kastellholmen findet man hier Entspannung, einzigartige Museen und bemerkenswerte Baudenkmäler (s. S. 82).

17 Stadshuset [C4]
Die weithin sichtbare Landmarke beheimatet neben dem Stadtparlament auch repräsentative und erstaunliche Festsäle. Eine Turmbesteigung lohnt sich allemal: Von oben eröffnet sich ein unschlagbarer Ausblick über Stockholm (s. S. 83).

24 Vasa-Museum [G4]
Dieses außergewöhnliche Museum gehört zum absoluten Pflichtprogramm: Um das nach über 300 Jahren wieder gehobene Kriegsschiff Vasa wurde ein eindrucksvolles Museum errichtet, das Jahr für Jahr Jung und Alt aus aller Welt anzieht und begeistert (s. S. 92).

35 SoFo [E7]
Dieses Szeneviertel im Stadtteil Södermalm bürgt für eine einzigartige Kneipen- und Cafélandschaft, flippige Läden und unkonventionelle Menschen (s. S. 99).

40 Schärengarten [ei]
Mit weit über 24.000 Inseln zählt dieses Naturparadies zu den Topattraktionen Schwedens, das eine eigene Reise wert wäre (s. S. 101).

41 Schloss Drottningholm
Eigentlich müsste es zur Pflicht werden, die königliche Sommerresidenz samt weitläufigem Park und schmückenden Nebengebäuden mit einem der altehrwürdigen Schiffe anzulaufen (s. S. 102)!

Leichte Orientierung mit dem cleveren Nummernsystem
Die Sehenswürdigkeiten der Stadt sind zum schnellen Auffinden mit **fortlaufenden Nummern** versehen. Diese verweisen auf die ausführliche Beschreibung **im Kapitel „Stockholm entdecken"** und zeigen auch die genaue Lage **im Stadtplan**.

Benutzungshinweise

Orientierungssystem

Eine **Liste der im Buch beschriebenen Örtlichkeiten** wie Sehenswürdigkeiten, Restaurants, Hotels, Cafés, Infostellen befindet sich auf Seite 141.

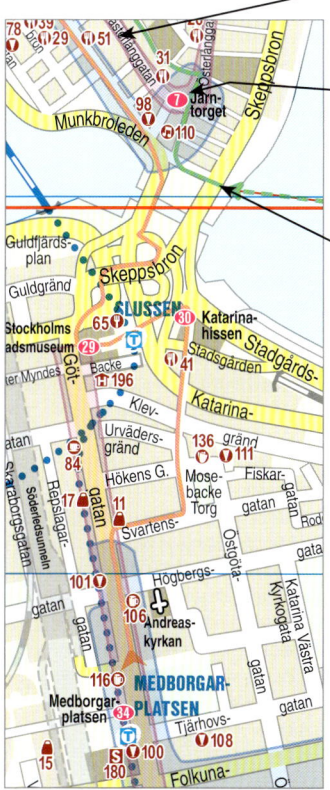

Zur schnelleren Orientierung tragen alle Hauptsehenswürdigkeiten und Lokalitäten sowohl im Text als auch im Kartenmaterial die gleiche Nummer:

- ⓘ51 Mit Symbol und fortlaufender Nummer werden die sonstigen Lokalitäten wie Cafés, Geschäfte, Hotels, Infostellen usw. gekennzeichnet.
- ❶ Mit einer fortlaufenden magentafarbenen Nummer sind die Hauptsehenswürdigkeiten gekennzeichnet. Steht die Nummer im Fließtext, verweist sie auf die Beschreibung dieser Sehenswürdigkeit im Kapitel „Stockholm entdecken".
- › Die farbigen Linien markieren den Verlauf der Stadtspaziergänge (s. S. 8, s. S. 10).

[E5] In eckigen Klammern steht das Planquadrat im Kartenmaterial, in diesem Beispiel Planquadrat E5.

Ortsmarken ohne Angabe des Planquadrats liegen außerhalb unserer Karten. Sie können aber wie alle Örtlichkeiten in unseren speziellen Luftbildkarten auf der Produktseite dieses Buches unter www.reise-know-how.de oder direkt unter http://ct-stockholm14.reise-know-how.de lokalisiert werden.

Vorwahlen

Ländervorwahlen für Anrufe aus Schweden:
- › Deutschland: 0049
- › Österreich: 0043
- › **Ländervorwahl Schweden:** 0046
- › **Ortsvorwahl Stockholm:** 08

Die Ortsvorwahl wird in Schweden immer mitgewählt, also auch bei Anrufen ins Festnetz innerhalb Stockholms. Daher ist im Folgenden die „08" bei den Telefonangaben im Buch mit aufgeführt.

Bewertung der Sehenswürdigkeiten

★★★	auf keinen Fall verpassen
★★	besonders sehenswert
★	wichtige Sehenswürdigkeit für speziell interessierte Besucher

Impressum

Stefan Krull, Lars Dörenmeier

CityTrip Stockholm

erschienen im
REISE KNOW-HOW Verlag Peter Rump GmbH,
Osnabrücker Str. 79, 33649 Bielefeld

© REISE KNOW-HOW Verlag
   Peter Rump GmbH 2011, 2013
**3., neu bearbeitete und komplett
aktualisierte Auflage 2014**
Alle Rechte vorbehalten.

ISBN 978-3-8317-2432-1
PRINTED IN GERMANY

Dieses Buch ist erhältlich in jeder Buchhandlung Deutschlands, der Schweiz, Österreichs, Belgiens und der Niederlande. Bitte informieren Sie Ihren Buchhändler über folgende Bezugsadressen:
   Deutschland: Prolit GmbH, Postfach 9,
   D-35461 Fernwald (Annerod)
   sowie alle Barsortimente
   Schweiz: AVA Verlagsauslieferung AG,
   Postfach 27, CH-8910 Affoltern
   Österreich: Mohr Morawa Buchvertrieb
   GmbH, Sulzengasse 2, A-1230 Wien
   Niederlande, Belgien: Willems
   Adventure, www.willemsadventure.nl
Wer im Buchhandel kein Glück hat, bekommt unsere Bücher auch über unseren Büchershop im Internet:
www.reise-know-how.de

Herausgeber: Klaus Werner
Lektorat und Layout:
   amundo media GmbH
Karten: Ingenieurbüro B. Spachmüller,
   amundo media GmbH
Druck und Bindung: Media-Print, Paderborn
Fotos: Lars Dörenmeier (Cover und ld),
   Stefan Krull (sk und Seite 2)
Anzeigenvertrieb: KV Kommunalverlag
   GmbH & Co. KG, Alte Landstraße 23,
   85521 Ottobrunn, Tel. 089 928096-0,
   info@kommunal-verlag.de

Alle Informationen in diesem Buch sind von den Autoren mit größter Sorgfalt gesammelt und vom Lektorat des Verlages gewissenhaft bearbeitet und überprüft worden.
Da inhaltliche und sachliche Fehler nicht ausgeschlossen werden können, erklärt der Verlag, dass alle Angaben im Sinne der Produkthaftung ohne Garantie erfolgen und dass Verlag wie Autoren keinerlei Verantwortung und Haftung für inhaltliche und sachliche Fehler übernehmen.
Die Nennung von Firmen und ihren Produkten und ihre Reihenfolge sind als Beispiel ohne Wertung gegenüber anderen anzusehen. Qualitäts- und Quantitätsangaben sind rein subjektive Einschätzungen der Autoren und dienen keinesfalls der Bewerbung von Firmen oder Produkten. Wir freuen uns über Kritik, Kommentare und Verbesserungsvorschläge:
info@reise-know-how.de

Latest News
Unter www.reise-know-how.de werden aktuelle Ergänzungen und Änderungen der Autoren und Leser zum vorliegenden Buch bereitgestellt. Sie sind auf der Produktseite dieses CityTrip-Titels abrufbar.

- Ergänzungen nach Redaktionsschluss
- kostenlose Zusatzinfos und Downloads
- das komplette Verlagsprogramm
- aktuelle Erscheinungstermine
- Newsletter abonnieren

Verlagsshop mit Sonderangeboten

Auf ins Vergnügen

Stockholm an einem Wochenende

1. Tag: Östermalm, Djurgården und Gamla Stan

Stadtspaziergang erster Tag

Rund um den angesagten **Stureplan** ❷⓿, einem der Kristallisationspunkte des großstädtischen Nachtlebens, locken auch bei Tageslicht viele Cafés und Bistros mit einer ausgezeichneten Frühstückskarte – zumeist auf Englisch, oft auch auf Deutsch. Bei Milchkaffee und frischen Croissants kann man die erwachende Metropole und ihre interessanten Bewohner vorzüglich beobachten. Derart gestärkt macht man sich auf den Weg zum **Nybroplan** [F3] mit dem **Dramatischen Theater** (s. S. 44) auf der Nord- und den Berzeliipark mit der Raoul-Wallenberg-Gedenkstätte auf der Südseite.

Weiter geht es entlang des illustren **Strandvägen** ❷❷, der Wohnstätte der Reichen und Schönen. Auf der einen Seite beeindrucken repräsentative Steinhäuser mit üppigem Fassadenschmuck, auf der anderen Seite öffnet sich dem Beobachter ein unverstellter Blick auf den lebhaften Hafen Stockholms. Kurz vor dem Nobelparken [H3] überspannt eine Brücke den Hafen und verbindet das urbane Stockholm mit der grünen **Insel Djurgården**. Die Insel bietet Touristen wie Einheimischen eine Vielzahl an Attraktionen und Sehenswürdigkeiten: das Freilichtmuseum **Skansen** ❷❽, das einen guten Einblick in das schwedische Alltagsleben um 1900 bietet, das **Nordische Museum** ❷❸ mit seinen umfangreichen kulturhistorischen Sammlungen, den abwechslungsreichen Vergnügungspark Gröna Lund ❷❼ und das beeindruckende **Vasa-Museum** ❷❹, in dem das im Jahre 1628 gesunkene Schlachtschiff der schwedischen Marine ausgestellt wird – der Besucher hat hier die Qual der Wahl.

> **EXTRAINFO**
>
> ### Routenverlauf im Stadtplan
> Die unter 1. Tag und 2. Tag beschriebenen Spaziergänge sind mit farbigen Linien im Stadtplan eingezeichnet.
>
> ### Abstecher für Wanderwütige
> Wer einen ausgedehnteren Spaziergang machen möchte, folgt dem Strandvägen ❷❷ weiter bis zum Nobelpark, statt vorher nach Djurgården abzubiegen. Das Ziel ist der **Kaknästornet**❸❽, der Fernsehturm aus den 1960er-Jahren. Architektonisch sicherlich keine Perle, entschädigt der Blick vom 30. Stock hinab auf die Stadt. Ab 10 Uhr kann man Stockholm aus der Luft bewundern. Anschließend bietet sich der Rückweg entlang des Djurgårdsbrunnsvägen Richtung Innenstadt an. Nach wenigen Minuten erreicht man das Diplomatenviertel mit einer Vielzahl an ausländischen Vertretungen – auch die Deutsche Botschaft residiert hier.

◁ *Vorseite: die imposante Fassade des Stadshuset* ⓱

▷ *Buntes Treiben auf dem Stortorget* ❺

Auf ins Vergnügen
Stockholm an einem Wochenende

Der **Vergnügungspark Gröna Lund** ❷ ist Ausgangspunkt der urigen Hafenfähren, die Djurgården wasserseitig mit dem Rest der Stadt verbinden. Die Überfahrt nach Skeppsbron [E5], an der südöstlichen Spitze von **Gamla Stan**, der Altstadt, gelegen, dauert nur wenige Minuten. Der **Järntorget** ❼, der „Eisenplatz", ca. 150 Meter vom Fähranleger entfernt, lädt den erschöpften Stadtwanderer zu einer Pause ein. Restaurants und Cafés, im Sommer mit gemütlicher Außengastronomie, bieten eine ideale Verschnaufmöglichkeit. Dabei wird man von einem kleinen Mann durch dessen dunkle Brille „beobachtet": Das **Denkmal von Evert Taube**, einem der berühmtesten schwedischen Volksdichter und Sänger, steht an der westlichen Seite des Platzes, nicht unweit seiner Stammkneipe **Den Gyldene Freden** („Der Goldene Frieden"), die von 1722 bis heute an der gleichen Stelle existiert (s. S. 29).

Der Rest des Nachmittags steht ganz im Zeichen Gamla Stans. Urige Gassen, schmale Durchgänge, historische Häuser und viel Kopfsteinpflaster prägen die Keimzelle der schwedischen Hauptstadt. Auf engstem Raum sind hier viele Sehenswürdigkeiten vereint: **Tyska Kyrkan** ❻ – die Hauptkirche der deutschen Gemeinde –, der **Stortorget** ❺ („Großer Platz"), umgeben von schön restaurierten Kaufmannshäusern und dem Nobelmuseum, oder im Norden der Altstadt das **Kungliga Slottet** ❸, das Schloss der Königsfamilie.

Lassen Sie sich einfach treiben, dabei gibt es insbesondere in den Randbezirken der Altstadt ruhige Stadtoasen zu entdecken, in denen die Zeit stehen geblieben ist und jeden Moment ein mittelalterlicher Handwerksbursche um die Ecke biegen könnte.

Stockholm an einem Wochenende

Abends

Die vielen Meter des heutigen Stadtspaziergangs in den Beinen spürend, gibt es das wohlverdiente Abendmahl in Gamla Stan. Eine Vielzahl erstklassiger (und teilweise auch hochpreisiger) Restaurants bieten vorzügliche Menüs. Mit der Wahl des *dagens rätt,* des Tagesgerichts, lassen sich jedoch einige Kronen einsparen. (Achtung: Tagesgericht nur bis in die späten Nachmittagsstunden im Angebot!) Günstiger wird es in den zahlreichen Minirestaurants, die – oft von Emigranten betrieben – eine internationale Küche feilbieten.

2. Tag: Södermalm, Riddarholmen und Stadshuset

Stadtspaziergang zweiter Tag

Der zweite Tag in Stockholm beginnt in **Södermalm**, dem alternativen Stadtteil im Süden der Stadt. Um den zentral gelegenen **Medborgarplatsen** ❸❹ („Mitbürgerplatz"), der problemlos mit der U-Bahn zu erreichen ist, gruppieren sich viele kulinarische Tempel. Bei sommerlichen Temperaturen bekommt man das Frühstück auf den Terrassen unter Sonnenschirmen serviert. Im Westen grenzen die **Söderhallarna** (s. S. 21) direkt an den Platz: Seit 1992 laden sie zu einem Bummel durch diverse Marktstände ein. Händler für Fleisch-, Fisch-, Geflügel-, Molkereiprodukte sowie Obst- und Gemüsehändler offerieren hier täglich ab 10 Uhr (außer sonntags) ihre Produkte.

Auf der Haupteinkaufsstraße Södermalms, der **Götgatan** [E6/7], die rechts und links von Boutiquen, Fachgeschäften, Restaurants und Kneipen gesäumt ist, geht es gen Norden. Nach einigen Hundert Metern biegt rechts eine schmale Straße ab, die Hökens Gata, die in einen kleinen Platz mündet. Links des Platzes liegt der Fahrstuhl **Katarinahissen** ❸⓪, das Wahrzeichen des Stadtteils Södermalm. Auf 38 m Höhe bietet die Aussichtsplattform einen traumhaften Ausblick über Gamla Stan und einen Großteil der Stockholmer Innenstadt. Der Fahrstuhl selbst ist außer Betrieb und soll bis 2016 auf den neuesten technischen Stand gebracht werden. Über eine steinerne Treppe am Felsen kann man aber dennoch per Pedes nach unten gelangen.

Am Fuße des Fahrstuhls befindet sich das **Stadtmuseum** ❷❾ und eine Handvoll Imbissbuden, die mit lecke-

Das gibt es nur in Stockholm

› *Nobelpreisverleihung:* Verliehen werden die Preise im Dezember im Konserthuset, anschließend geht es zum feierlichen Dinner ins Stadshuset ❼.
› *Königlicher Kirchenbesuch:* Die Schlosskirche im Stadtschloss ❸ steht während der Sonntagsmesse allen Besuchern offen. Mit sehr viel Glück bekommt man auch mal ein Mitglied der königlichen Familie zu Gesicht.
› *Kunst in der U-Bahn:* Die Stockholmer U-Bahn ist bekannt dafür, dass sich viele Stationen mit Kunst schmücken. Über den Geschmack lässt sich ja bekanntlich streiten, vor allem aber die Stationen der „Roten Linie" sind ein echter Hingucker (s. S. 129).
› *Midsommar in der City:* Die Walpurgisnacht und das sich anschließende Mittsommerfest sind sicherlich die bekanntesten Feste, die mit Schweden in Verbindung gebracht werden. Selbstverständlich werden diese Feste auch in der Hauptstadt gefeiert. Ein nettes Ausflugsziel in Stockholm ist dafür das Freilichtmuseum Skansen ㉘.

ren Hotdogs oder frisch gebratenen Heringen (auf Schwedisch *Nystekt Strömming*) Kunden anlocken.

Über den Verkehrsknotenpunkt Slussen erreicht man in wenigen Minuten die Altstadt. Am nordwestlichen Ende Gamla Stans führt eine Brücke auf die Insel **Riddarholmen** ❽, die neben der königlichen Riddarholmskyrkan noch diverse, zumeist juristische Amtsgebäude und Paläste beherbergt. Da neben den offiziellen Gebäuden keine Wohnhäuser existieren, wundert es nicht, dass auf Riddarholmen laut Einwohnerverzeichnis nur eine (!) Person lebt.

Von der Evert-Taube-Terrasse an der Westseite Riddarholmens aus hat man einen so vorzüglichen Ausblick auf das **Stadshuset** ❼, das Stockholmer Rathaus, dass von hier oft Fernsehreporter das politische Geschehen kommentieren. Das über die Centralbron und den angegliederten Fußweg erreichbare Stadshuset dürfte eines der bekanntesten Bauwerke Schwedens sein. Alljährlich wird das Nobelbankett in der Blauen Halle des Rathauses, die man im Rahmen von geführten Touren besichtigen kann, abgehalten. Faszinierend ist auch der mit dem schwedischen Nationalsymbol der goldenen drei Kronen verzierte **Rathausturm**. Über 365 Stufen sind zu bewältigen, dann jedoch bietet sich ein weiterer grandioser Blick über die schwedische Hauptstadt.

Abends

Belohnt wird so viel Durchhaltevermögen mit einem üppigen Abendessen. Vom Stadshuset geht es über die Stadshusbron zum **Hauptbahnhof** ❾ an der Vasagatan. Diese Straße kreuzt einige Blöcke nördlich die **Kungsgatan** [D3]. Rechts abbiegend bieten auf beiden Straßenseiten unzählige Restaurants und Gaststätten ihr kulinarisches Angebot feil. Guten Appetit und *Skål!*

◁ *Die Altstadtgassen strahlen bei Nacht eine besondere Atmosphäre aus*

Zur richtigen Zeit am richtigen Ort

Der Terminkalender Stockholms ist gerade in den Sommermonaten dicht gedrängt. Im Juni, Juli und August reihen sich typisch schwedische und speziell Stockholmer Festivitäten dicht aneinander. Größere und kleinere Höhepunkte prägen in dieser Zeit das Stadtbild, die den Hauptstadtbesuch sicherlich zu einem herausragenden und unvergesslichen Erlebnis abrunden werden.

Aktuelle Termine und Ereignisse erfragt man am besten im Touristenbüro (s. S. 113) oder auf den informativen Internetseiten
› www.whatsonwhen.com (englischsprachig und gut) oder
› www.whatsupsthlm.se.

⌂ *Rundflüge im Ballon (s. S. 124) garantieren grandiose Aussichten auf die Stockholmer Altstadt*

In der Touristenzentrale ist zudem die in Englisch erscheinende **Informationsbroschüre** „What's On Stockholm" erhältlich. Und auch wenn man des Schwedischen nicht hundertprozentig mächtig sein sollte, hilft oft dennoch ein Blick in den Veranstaltungskalender der aktuellen Tagespresse weiter.

Man sollte im Hinterkopf behalten, dass sich an den Feiertagen die **Öffnungszeiten** (s. S. 118) verkürzen beziehungsweise Geschäfte und öffentliche Einrichtungen ganz geschlossen bleiben können – teilweise sogar schon am Nachmittag des Vortages. Auswirkungen auf die Öffnungszeiten ergeben sich ebenfalls in den Schulsommerferien (Mitte Juni bis Mitte August), vor allem im Monat Juli, wenn zudem noch Betriebsferien hinzukommen. In dieser Zeit schließen einige Restaurants und Geschäfte ganz. Weitere Schulferientermine liegen um Weihnachten (zwei Wochen), im Februar/März (eine Woche Skiferien), um Ostern (eine Woche) und manchmal im Oktober/November (eine Woche Herbstferien).

Frühling

› **Walpurgisnacht:** Am 30. April *(sista april)* feiert man in Schweden die Ankunft des Frühlings. Und weil dies gelegentlich auch mit etwas Alkohol geschieht, ist es umso schöner, dass der erste Mai in Schweden ebenfalls ein Feiertag ist. Gefeiert wird unter anderem im Skansen ㉘ (www.skansen.se). Vor allem Studenten sind die Initiatoren dieses Treibens und wenn es sich irgendwie einrichten lässt, sollte man die Walpurgisnacht in der Studentenstadt Uppsala miterleben – ein unvergessliches Erlebnis!
› **Elitloppet:** Freunde des Pferderennsports werden hier auf ihre Kosten kommen: Bei diesem Rennen versammeln sich die schnellsten Pferde Schwedens auf der Solvalla Trabrennbahn in Sundbyberg im Nordwesten Stockholms (U-Bahn Sundbyberg), um den Gewinner unter sich auszumachen (www.elitloppet.se).

Sommer

› **Tag des Schärendampfers (Skärgårdbåtens Dag):** In der ersten Juniwoche startet eine Parade ehrwürdiger (Dampf-)Schiffe vom Strömkajen nach Vaxholm. Eine gute Gelegenheit zum Zuschauen oder zur kleinen Spritztour durch die Stockholmer Inselwelt nach Vaxholm.
› **Nationalfeiertag:** Am 6. Juni 1523 wurde Gustav Vasa, der Befreier Schwedens, gekrönt und dieser Nationalfeiertag wird, obwohl es kein offizieller Feiertag ist, auch in der schwedischen Hauptstadt begangen. Eine der Hauptveranstaltungen wird in Anwesenheit der königlichen Familie im Skansen ㉘ abgehalten.
› Beim einwöchigen Volksfest **Smaka på Stockholm** am Kungsträdgården ⑭ präsentiert sich Stockholm Anfang Juni von seiner kulinarischen Seite. Essen und Trinken stehen eindeutig im Vordergrund, für ein würdiges Rahmenprogramm wird selbstverständlich auch gesorgt (www.smakapastockholm.se).
› **Stockholm Marathon:** Einer der größten und beeindruckendsten Großstadtmarathons. An einem Samstag Anfang Juni begeben sich mittlerweile über 20.000 Läufer auf einen der weltweit schönsten Stadtkurse. Normalsterbliche müssen sich bis zum 20. April angemeldet haben, aber auch das bloße Zuschauen und Anfeuern ist schon ein Erlebnis (www.stockholmmarathon.se).
› **Eken Cup:** Ein Handballturnier für jedermann bzw. „jedesteam". Handball wird bekanntlich in Schweden großgeschrieben, folglich geht es hierbei nicht nur um den Spaß, in den Endrunden geht es durchaus zur Sache. Gespielt wird Mitte Juni auf unzähligen Kleinfeldern mitten in der Stadt (www.ekencup.se).
› **Midsommar:** Auch wenn an diesem ersten Freitag nach dem 21. Juni die meisten Schweden die Städte meiden und sich auf ihre Sommerhäuschen auf dem Land und am Wasser zurückziehen, gefeiert wird das wohl schwedischste aller schwedischen Feste selbstverständlich auch in Stockholm. Einer der besten Plätze, um diesem Spektakel mit Maibaumsetzen, Musik, Tanz, viel Essen und noch mehr Trinken beizuwohnen, ist wiederum Skansen ㉘.
› **Stockholmer Sommerspiele:** Sportwettkämpfe für junge Sportler im altehrwürdigen Olympiastadion und in anderen über die Stadt verteilten Sportstätten (www.summergames.se).
› **DN-Galan:** Ein weiteres Leichtathletiksportfest mit nationalen und internationalen Größen Anfang August (www.diamondleague-stockholm.com).

Zur richtigen Zeit am richtigen Ort

- **Stockholmer Pride Week:** Festival für Schwule, Lesben und Bisexuelle. Die Stockholmer Variante des Christopher Street Days spielt sich über eine Woche im Juli/August in der ganzen Innenstadt ab. Der Schwerpunkt liegt traditionell in Södermalm (www.stockholmpride.org).
- **Eröffnung der Surströmming- und Krebssaison:** Auch wenn diese schwedischen Delikatessen – vor allem der *Surströmming* (s. S. 25) – nicht jedermanns Geschmack sind, die Gelegenheit zu einer Teilnahme an einer der zahlreichen Eröffnungspartys sollte man nicht ausschlagen. Bei guter Stimmung und nicht zu wenig Schnaps sollte so mancher Hering oder Krebs verspeist werden.
- **Mitternachtslauf:** Im August versammeln sich über 15.000 Sportbegeisterte, um zu vorgerückter Stunde einen 10-km-Lauf durch Södermalm zu bestehen. Wer nicht selbst dabei sein kann oder möchte, kann für euphorische Stimmung am Streckenrand sorgen (www.midnattsloppet.com).
- **Kulturfestival:** Seit 2005 wird zu Beginn des Monats August an unterschiedlichen Plätzen der Stadt das Kulturfestival gefeiert. Alljährlich wird dafür ein bunter Mix aus Lesungen, Sport- und Theaterevents, Musikpartys und Fotoausstellungen auf die Beine gestellt (www.kulturfestivalen.stockholm.se).
- **Popaganda:** Auf dem zweitägigen Musikfestival in der Umgebung des Eriksdalsbadet auf Södermalm geben um die 20 schwedischen Bands vor begeisterten Fans eine Probe ihres Könnens (www.popaganda.se).

Herbst

- **Stockholmer Bier- und Whisky-Festival:** Kaum zu glauben, eines der besten Bierfeste findet ausgerechnet in der Hauptstadt jenes Landes statt, das eine recht restriktive Alkoholpolitik verfolgt. Auch wenn Schnapsleichen und andere Begleiterscheinungen erhöhten Alkoholgenusses unvermeidlich scheinen, ein gewisses Flair lässt sich nicht leugnen (Factory, Nacka Strand, östlich von Stockholm; www.stockholmbeer.se).
- **Tjejmilen:** Hierbei handelt es sich um einen der größten, wenn nicht sogar den größten Volkslauf für Frauen in Europa. Dabei gilt es, eine Distanz von 10 km in der Nähe des Gärdet (nordöstlich von Östermalm) zurückzulegen (www.tjejmilen.se).
- **Stockholmer Jazz Fest:** Nationale und internationale Jazzgrößen geben sich bei einer Vielzahl von Livekonzerten in der Stadt für ein Wochenende im Oktober ein Stelldichein und feiern mit den vielen Tausend Besuchern eine Party. Ein Muss für Schwedenfans und Jazzer (www.stockholmjazz.com).
- **Stockholm Open:** Dieses international hochklassig besetzte Hallenturnier begeistert Ende Oktober/Anfang November nicht nur eingefleischte Tennisfans. Das Spektakel in den Kungliga-Tennishallen ist darüber hinaus eine der bestdotierten Tennisveranstaltungen Europas (www.stockholmopen.se).
- **Lidongöloppet:** Der Startschuss für den nach Teilnehmerzahl wohl größten Crosslauf-Wettbewerb Schwedens fällt Ende September/Anfang Oktober auf der stadtnahen Insel Lidingö. Gestartet wird in allen denkbaren Alterskategorien, von Siebenjährigen bis hin zu Senioren, auch die Laufstrecken variieren von 5,6 km bis 30 km Länge (www.lidingoloppet.se).
- Das **Stockholm International Film Festival** zieht seit 2003 nicht nur Fans des skandinavischen Films in seinen Bann. Neben Filmen aus den nordischen Ländern treten in der fast zweiwöchigen Veranstaltung auch internationale Produktionen an. Die verschiedenen Aufführungen verteilen sich über die gesamte Stadt (www.stockholmfilmfestival.se).

Auf ins Vergnügen
Zur richtigen Zeit am richtigen Ort

Winter

› Ein Hauch von Weltstadtflair und feierlicher Stimmung weht am 10. Dezember durch die schwedische Hauptstadt, wenn die **Nobelpreise** im Konserthuset (s. S. 44) in Anwesenheit der königlichen Familie verliehen werden. Eintrittskarten sind heiß begehrt, dennoch ist es nicht gänzlich ausgeschlossen, im Vorfeld Karten erstehen zu können. Auf den jeweiligen Träger des Friedensnobelpreises wird man allerdings vergeblich warten – dieser Preis wird einige Hundert Kilometer weiter westlich in der norwegischen Hauptstadt Oslo verliehen.

› Zahlreiche **Weihnachtsmärkte** öffnen im Dezember ihre Pforten. Die populärsten sind wohl der Weihnachtsmarkt im Skansen ㉘ und der Markt in der Altstadt.

› Am **Luciadagen** (13. Dezember) wird überall in Schweden das Luciafest gefeiert. In Anlehnung an das lateinische *lux* („Licht") kleiden sich viele Mädchen und junge Frauen in ein weißes Gewand, tragen eine Krone und führen mit Kerzen in der Hand eine Prozession an. Eine der größten Feierlichkeiten ist natürlich im Skansen ㉘ zu bewundern, das Luciafest wird aber beispielsweise auch in Kirchen, Schulen oder an anderen öffentlichen Orten begangen.

› **Stockholmer Winterspiele:** Speziell Kinder und Jugendliche werden angesprochen, wenn sich gleich zu Beginn des Jahres unzählige Sportsfreunde zum riesigen Messegelände im Süden der Stadt aufmachen, um dort die neusten Trends zu entdecken, selber auszuprobieren oder mit Teamkameraden an Turnieren teilzunehmen (www.wintergames.se).

› **Stockholmer Antiquitätenmesse:** Ende Januar/Anfang Februar versammeln sich Liebhaber von Antiquitäten, Inneneinrichtungen, Kunst und auch von Kuriositäten auf dem Gelände der Stockholmsmässan, um sich hier bei zahlreichen Ausstellern das ein oder andere Objekt ihrer Begierde zu sichern (www.antikmassan.se).

› **Vikingarännet:** Wer gerne einmal seine Grenzen beim Eislaufen austesten möchte, sollte an diesem 80 km langen Eislaufmarathon über den zugefrorenen Mälaren-See von Stockholm nach Uppsala teilnehmen. Neben einer guten Kondition ist ein kalter Winter eine unabdingbare Voraussetzung für dieses Ereignis, das im Schnitt alle fünf Jahre im Januar oder Februar stattfinden kann. In jüngster Vergangenheit sorgten die langen und strengen Winter für nahezu optimale Bedingungen (www.vikingarannet.com).

△ *Farbenfroh präsentiert sich die quirlige Drottninggatan [D3]*

Stockholm für Citybummler

Gerade wer sich längere Zeit in Stockholm aufhält, wird feststellen, dass die schwedische Hauptstadt weit mehr ist als die zwar einzigartige, aber leider auch häufig sehr touristische **Gamla Stan** (Altstadt). Neben den klassischen Revieren zum Flanieren und Eintauchen wie eben der Altstadt, dem **Strandvägen** ㉒ im edlen Östermalm oder der quirligen **Kungsgatan** [D3] in Norrmalm findet man problemlos weniger bekannte Orte zum Genießen und Zurückziehen, die sich über das gesamte Stadtbild verteilen.

Der **Stadtbezirk Kungsholmen** auf der gleichnamigen Insel etwa hat unendlich lange Promenaden am Wasser zu bieten. Entscheidet man sich für den **Norr Mälarstrand** [A4–C4], genießt man auf der einen Seite den Blick über den Riddarfjärden nach Södermalm, auf der anderen Seite ragen die herrschaftlichen Wohnungen gut situierter Bürger empor. Und am westlichen Ende des Uferweges locken die beiden Parkanlagen **Rålambshov** [ai] und **Mariebergsparken** [ai]. Gleich daneben befindet sich auf Kungsholmen das noch eher unbekannte, städtebaulich interessante Gebiet nördlich der Fleminggatan am Sankt-Erik-Krankenhaus und dem **Grubbensringen** [B3]. Von dort kann man dann über den Kungsholms Strandstig am Wasser zurück zur Innenstadt spazieren.

Der **Odenplan** [C1] im Stadtteil Vasastan ist ein weiteres Beispiel für das umtriebige, aber eher unbekannte Stockholm. Zahlreiche kleinere Läden und ein durchaus attraktives Nachtleben machen den Odenplan und seine unmittelbare Umgebung zu einer interessanten Alternative. Ähnliches gilt für den **Sankt Eriksplan** [A/B1], ebenfalls in Vasastan gelegen. Vor allem die **Rörstrandsgatan** hat sich dank der kaum zu vermutenden Restaurantdichte unter Gourmetfreunden zu mehr als einem Geheimtipp entwickelt.

Im vornehmen Stadtteil **Östermalm** kann man zwischen dem idyllischen **Östermalmstorg** [F2/3] und dem **Botschaftsviertel Diplomatstaden** rund um die Nobelgatan [H3] den etwas besser gestellten Stockholmern über die Schulter schauen.

Geht es darum, sich zu erholen, muss der weitläufige **Humlegården** [E2] aufgesucht werden. An einer seiner Flanken verläuft der **Karlavägen**. Zusammen mit dem **Valhallavägen** [F1–H2] prägen diese beiden unverwechselbaren Chausseen das Stadtbild auf eindrucksvolle Art und Weise. Vom Botschaftsviertel kann man zu Fuß durch die Wiesen des **Ladugårdsgärdet** bis zum **Kaknästornet** ㊳ spazieren. Dabei durchstreift man ungewöhnlich ruhige Stadtareale, die man so in Stockholm vielleicht nicht vermutet hätte.

Südlich davon, durch den Djurgårdsbrunnsviken getrennt, liegt der Stadtteil **Djurgården** [H4/5]. Der westliche Teil der Halbinsel mit den teilweise weltberühmten Museen und Vergnügungsparks ist über Schweden hinaus bekannt. Nach Osten schließt sich jedoch der größere, ruhigere und für manche daher vielleicht auch schönere Bereich Djurgårdens an. Sucht man Ruhe und will man dem Treiben der schwedischen Hauptstadt für einen Moment entfliehen, wird man den östlichen Djurgården sicherlich schnell in sein Herz schließen.

Auf ins Vergnügen
Stockholm für Citybummler

Im Stadtbezirk **Södermalm** ist im Vergleich zum übrigen Stockholm einiges anders. Ein ganz besonders geeigneter Ort, um ziellos zu flanieren, ist das Viertel um die **Katarina Kyrka** [F6]. Die Kirche mit ihren Friedhofsanlagen und den angrenzenden, mittelalterlich anmutenden Gebäuden hat einen ganz speziellen Charme, dem man sich kaum entziehen kann. Überquert man die Renstjernas Gata und folgt der **Fjällgatan** [F6], ist es zwar noch ein gutes Stück bis zum Aussichtspunkt **Fåfängen**, der Ausblick hoch über dem Wasser entschädigt jedoch für die Mühen.

Ein weiterer sehenswerter, dabei relativ unbekannter Platz ist der **Mariatorget** [D6] in Södermalm. Die kleine Grünfläche mit den auf sie zulaufenden Stichstraßen sowie der nahen und belebten Hornsgatan vermittelt einen Eindruck von der gelassenen Art der Bewohner Södermalms. Vielleicht ist es ja auch gerade diese Gelassenheit, die den Mariatorget nachts in einen der beliebtesten Hotspots im **Södermalmer Nachtleben** verwandelt.

Långholmen ㊱, die ehemalige Gefängnisinsel an der Nordwestspitze Södermalms, ist nicht nur berühmt für ihre einmaligen Übernachtungsmöglichkeiten in eben diesem ehemaligen Gefängnis. Wunderschön am Riddarfjärden gelegen, eignet sich die **grüne Insel für romantische Spaziergänge** und einzelne Badestellen ermöglichen unvergessliche Badespaß mit Blick auf die Stockholmer Innenstadt.

Im Gegensatz zu den bisher benannten Orten sind die folgenden Sehenswürdigkeiten keine echten Tipps mehr. Wenn es aber gilt, etwas von der speziellen Atmosphäre und der

◸ Immer wachsam: die Palastwachen des Königlichen Schlosses ❸

Einmaligkeit der Stadt aufzusaugen, dürfen diese Plätze unter gar keinen Umständen fehlen. Die Altstadt **Gamla Stan** (s. S. 66) ist einfach fantastisch, aber gelegentlich auch anstrengend. In den frühen Morgenstunden oder etwas abseits der Touristenströme, wenn es ruhiger ist, wird man aber immer wieder die Einmaligkeit dieses Stadtteils feststellen können. Ähnliches gilt für die kleine Insel **Riddarholmen** ❽, die ein einzigartiges mittelalterliches Gefühl zu vermitteln vermag. Und auf Södermalm garantiert der kleine **Monteliusvägen** (s. S. 49) unschlagbare Ausblicke, während in Södermalms In-Viertel **SoFo** ㉟ Leben pur versprüht wird.

Stockholm für Kauflustige

Stockholm weist keine speziellen stadttypischen Souvenirs auf, wohl aber kann man hier problemlos typisch schwedische Produkte wie zum Beispiel Andenken aus dem Glasreich Smålands, das Dalarna-Pferd oder andere liebevoll gearbeitete Handarbeiten erwerben. Geschäfte mit Hinweisschildern „Hemslöjd" bieten qualitativ höherwertige schwedische Handwerksprodukte zum Verkauf an. Andererseits muss man in Stockholm auch auf nichts verzichten. In der schwedischen Hauptstadt ist Liebgewonnenes und Gewohntes aus Kontinentaleuropa selbstverständlich ebenso zu erstehen wie Außergewöhnliches und Kurioses.

In **Gamla Stan** sind zahlreiche kleinere Läden und Boutiquen zu finden, die sich mit ihrer Produktpalette vor allem auf Touristen eingestellt haben. Der Innenstadtbereich zwischen Sergels Torg [D3] und Hötorget und entlang der Kungsgatan [D3] in **Norrmalm** kommt unserem Verständnis einer **klassischen Einkaufszone mit einem breiten Warenangebot** am nächsten und braucht keinen Vergleich mit anderen europäischen Metropolen zu scheuen. Während sich die Geschäftsbesitzer entlang der **Drottninggatan** [C1–D4] offensichtlich mehr am touristischen Bedarf orientiert haben, befinden sich in den Straßen im Übergangsbereich nach Östermalm eher höherwertige Ge-

◁ *In der Drottninggatan [D3] treffen sich Shoppingfreunde und Flaneure*

Auf ins Vergnügen
Stockholm für Kauflustige

EXTRAINFO

Kleine Steuerschnäppchen beim Einkaufen

Staatsangehörigen aus Nicht-EU-Staaten (z. B. der Schweiz) gewährt der schwedische Staat beim Kauf von Waren über 200 Skr in ein und demselben Geschäft Ermäßigungen. Zu erkennen sind diese Läden an einem „tax free"-Hinweisschild. Bei der Ausreise kann dann die Rückerstattung eines Teils der Kosten beim Zoll geltend gemacht werden. Informationen dazu erhält man in der in Touristenbüros ausliegenden Broschüre „Tax Free Shopping Guide to Sweden" oder unter www.global-blue.com.

Kaufhäuser und Einkaufspassagen

1 [D3] **Åhlens**, Klarabergsgatan 50, Norrmalm, U-Bahn T-Centralen, www.ahlens.se, Mo.–Fr. 10–21 Uhr, Sa. 10–19 Uhr, So. 11–19 Uhr. Im Untergeschoss befindet sich ein großer Supermarkt.

2 [G2] **Fältöversten**, Karlaplan 13, Östermalm, U-Bahn Karlaplan, www.faltoverstencentrum.se, Mo.–Fr. 10–19, Sa. 10–17, So. 12–17 Uhr. Typische Einkaufsgalerie mit vielen Geschäften.

3 [E3] **Gallerian**, Hamngatan 37, Norrmalm, U-Bahn Kungsträdgården, www.gallerian.se, Mo.–Fr. 10–20 Uhr, Sa. 10–18 Uhr, So. 11–18 Uhr. Einkaufspassage im Herzen der Stadt.

4 Kungens Kurva, Skärholmen, U-Bahn Skärholmen oder Fruängen, anschließend weiter mit dem Bus, mit dem Auto direkt an der E4, Ausfahrt Kungens Kurva, www.kungenskurva.se, Mo.–Fr. 10–20 Uhr, Sa./So. 11–17 Uhr. Einer der landesweit größten Shoppingkomplexe mit über 100 Geschäften, darunter der angeblich größte IKEA weltweit, und angeschlossenem Hotel.

5 [E3] **NK (Nordiska Kompaniet)**, Hamngatan 18–20, Norrmalm, U-Bahn Kungsträdgården oder Östermalmstorg, www.nk.se, Mo.–Fr. 10–20 Uhr, Sa. 10–18 Uhr, So. 11–17 Uhr, Juni und Juli 12–16 Uhr. Das NK ist der wohl traditionsreichste Einkaufstempel der Stadt. Hier ist alles zu finden, was Einkaufsfreudige begehren, vor allem elegante und hochwertige Waren. Traurige Berühmtheit erlangte das Haus jedoch 2003, als hier das tödliche Attentat auf die populäre schwedische Außenministerin Anna Lindh verübt wurde.

6 [D3] **PUB**, Hötorget, Norrmalm, U-Bahn Hötorget, www.pub.se, Mo.–Fr. 10–19, Sa. 10–18, So. 11–17 Uhr. Eines der etabliertesten Häuser direkt am zentralen Hötorget.

schäfte (östl. Kungsgatan, Biblioteksgatan, Smålandsgatan, Hamngatan).

Je mehr man sich **Östermalm** nähert, desto **teurer und exklusiver** wird die Auswahl. Besonders in der Gegend rund um den **Stureplan** [E2] sind elegante, edle und auch luxuriösere Geschäfte und Boutiquen in großer Anzahl anzutreffen.

In den Stadtteilen **Södermalm** (Hornsgatan [A7–D6] und mit Abstrichen Götgatan [E6/7]) und teilweise auch **Kungsholmen** (St. Eriksgatan [A3–B1]) und **Vasastan** (Upplandsgatan [C1/2]) kann man hingegen vorzugsweise in **Antiquariaten, Kuriositätenläden oder Secondhandshops** herumgestöbert werden. Nach den vielen Mainstreamshops der Innenstadt ist vielleicht gerade die immer attraktiver werdende Götgatan erfrischend anders.

Schilder oder Plakate mit dem Wort „rea" weisen auf **Schlussverkäufe** oder andere **Preisnachlässe** hin. Handeln ist in Schweden nicht üblich. Informationen zu Öffnungszeiten s. S. 118.

Auf ins Vergnügen
Stockholm für Kauflustige

KLEINE PAUSE

Feinkost in Stockholm
Im Nobelkaufhaus NK (s. S. 19) gibt es neben einem exquisiten Supermarkt auch eine Feinkostabteilung, in der bekannte und unbekannte Leckereien auf ihren Verzehr warten.
Auch die etwas nobleren **Saluhallen** (s. S. 21) auf dem Östermalms Torg bieten Feinkostwaren und leckeres Essen zu vernünftigen Preisen.

🔒**7** [E2] **Sturegallerian**, Östermalm, Eingang über Stureplan oder Grev Turegatan, U-Bahn Östermalmstorg, www.sturegallerian.se, Mo.–Fr. 10–19 Uhr, Sa. 10–17 Uhr, So. 12–17 Uhr (Juni und Juli 12–16 Uhr). Exquisit, schick, teuer! Wer was auf sich hält und sich zur Upperclass Stockholms zählt, der füllt hier seine Einkaufstüten.

🔒**8** [A2] **Västermalmsgallerian**, St. Eriksgatan/Ecke Fleminggatan, Kungsholmen, U-Bahn Fridhemsplan, www.vastermalmsgallerian.se, Mo.–Fr. 10–19 Uhr, Sa. 10–17 Uhr, So. 11–17 Uhr. Die große Einkaufspassage liegt ein wenig entfernt von der Innenstadt zwischen Kungsholmen und Vasastan.

Antiquitäten

Eine größere Auswahl an Antiquitätenläden wird man in **Södermalm** und vor allem entlang der Upplandsgatan [C1/2] in **Vasastaden** (U-Bahn Odenplan) antreffen. Auch in Gamla Stan kann man fündig werden, jedoch sind die dortigen Geschäfte touristischer orientiert. Eine Ausnahme in der Altstadt stellt die Köpmangatan [E5] dar. Mit etwas Glück findet man in den wenigen Geschäften in der nördlichen Drottninggatan [C3–D4] in Norrmalm das Gesuchte.

Bücher und Landkarten

🔒**9** [E3] **Akademibokhandeln**, Mäster Samuelsgatan 28, Norrmalm, U-Bahn Kungsträdgården, www.akademibokhandeln.se, Mo.–Fr. 10–19, Sa. 10–18, So. 12–17 Uhr. Hauptfiliale mit zahlreichen, über das Stadtgebiet verteilten Niederlassungen. Das umfangreiche Buchangebot lässt nichts vermissen.

🔒**10** [C3] **Kartbutiken**, Vasagatan 16, Norrmalm, U-Bahn T-Centralen, www.kartbutiken.se, Mo.–Fr. 10–18 Uhr, Sa. 10–16, So. 12–16 Uhr. Der Laden führt eine umfangreiche und hochwertige Auswahl an Karten.

Kunst, Design und Souvenirs

Eine Vielzahl an Galerien, Kunstgeschäften und Designläden konzentrieren sich vor allem in der Altstadt, in der Gegend um den Stureplan [D3] in Östermalm und in Södermalm in der Hornsgatan [C/D6], der Götgatan [E6/7] sowie im kreativen SoFo-Viertel ㉟. Auch die Spezialabteilungen im NK oder bei Åhlens sind diesbezüglich einen Besuch wert. Intelligente und interessante Designprodukte findet man auch im DesignTorget im Untergeschoss des Kulturhuset ⑬ am Sergelstorg.

Stockholm für Kauflustige

Für **exklusive Designermode und originelle Accessoires** ist die Boutique „10 Swedish Designers" eine der Topadressen Stockholms. Seit 1972 verkaufen hier zehn Textildesigner ihre einfallsreichen Kreationen, während R.O.O.M am Hötorget mit einer sehr breiten und erstklassigen Produktpalette aufwarten kann.

- 🛍11 [E6] **10 Swedish Designers,** Götgatan 25, Södermalm, U-Bahn Slussen, www.tiogruppen.com, Mo.–Fr. 11–18.30 Uhr, Sa. 11–17 Uhr, So. 12–16 Uhr
- 🛍12 [bh] **R.O.O.M,** im PUB (s. S. 19), Hötorget, Normalm, U-Bahn Hötorget, www.room.se, Mo.–Fr. 10–19, Sa. 10–18, So. 11–17 Uhr

Lebensmittel

In Schweden gibt es **zwei große Supermarktketten:** Konsum und Ica. Die Kaufhauskette Åhlens besitzt mit den Hemköp-Läden ebenfalls eine Lebensmittelabteilung, wobei die Stockholmer Filiale direkt am Sergels Torg an Zentralität nur schwerlich zu übertreffen sein wird (s. S. 19). Mehr und mehr halten jedoch auch **Discounter** wie beispielsweise Lidl oder Netto Einzug in Schweden. Dem daraus resultierenden Preiskampf werden sich auch die heimischen Lebensmittelketten in der Zukunft verstärkt stellen müssen.

Bei der Preisausschilderung gibt der *jämförpris* den **Vergleichspreis** für ähnliche Produkte bezogen etwa auf Liter oder Kilogramm an. Die **Lebensmittelpreise** bewegen sich dabei im gehobenen Preissegment, vergleichbar etwa mit denen in anspruchsvolleren Supermärkten in Deutschland. Möchte man zu ungewöhnlicher Zeit noch die nötigsten Lebensmittelreserven auffüllen, so stehen die auch in Deutschland üblichen Tankstellen, die zahlreichen Spätverkaufsstellen oder der Hauptbahnhof zur Auswahl. Einen Einkauf rund um die Uhr ermöglichen die zahlreich über die Stadt verteilten 7-Eleven-Shops.

Darüber hinaus existieren in Stockholm mit Hötorgshallen, Söderhallarna und vor allem den Östermalm Saluhallen **drei exzellente Markthallen** mit einem breiten und eindrucksvollen Angebot an frischen Lebensmitteln:

- 🛍13 [D3] **Hötorgshallen,** Hötorget, Normalm, U-Bahn Hötorget, www.hotorgshallen.se, Mo.–Do. 10–18 Uhr, Fr. 10–18.30 Uhr, Sa 10–16 Uhr
- 🛍14 [F2] **Östermalms Saluhallen,** Östermalmstorg, Östermalm, U-Bahn Östermalmstorg, www.ostermalmshallen.se, Mo.–Do. 9.30–18 Uhr, Fr. 9.30–19 Uhr, Sa. 9.30–16 Uhr
- 🛍15 [E7] **Söderhallarna,** Söderhallarna 110, Södermalm, U-Bahn Medborgarplatsen, www.soderhallarna.se, Mo.–Mi. 10–18, Do./Fr. 10–19, Sa. 10–16 Uhr

Kleiner Hinweis oder kleine Warnung: Die Schweden **lieben ihre Lebensmittel gerne süß.** Dies findet seinen unmittelbaren Niederschlag bei Brot, Senf, Leberwurst …

Mode

Mit den Filialen von H&M, Dressmann, Lindex, Indiska, Brothers, Vero Moda oder J&C verfügt die Stockholmer City über ein **kaum noch zu überblickendes Angebot an Modeketten.** Dazu gesellen sich zusätzlich die Modeabteilungen in den Kaufhäusern und die zahlreichen Boutiquen und Spezialgeschäfte. Von günstiger Alltagskleidung bis hin zu schicken Designerklamotten ist hier alles zu bekommen.

Stockholm für Kauflustige

Populäre **Shoppingquartiere** sind die Straßen rund um den Hötorget, die Drottninggatan [D2/3], die Kungsgatan [E2] und Hamngatan sowie deren Verbindungsstraßen und natürlich das Viertel mit dem **Stureplan** [E2] als Zentrum. Vor allem hier reihen sich nationale und internationale Designerläden aneinander, was sich selbstverständlich auch im Preis niederschlägt. In Södermalm stellt die **Götgatan** [E6] eine gelungene Alternative zum Citybereich dar.

16 [E3] **Acne**, Norrmalmstorg 2, Norrmalm, U-Bahn Kungsträdgården, Tel. 08 6116411, www.acnestudios.com, Mo.–Fr. 10–19, Sa. 10–17, So. 12–17 Uhr. Von Stockholm in die weite Welt – von hier nahm der Siegeszug der berühmten Jeans ihren Lauf. Mittlerweile gibt es in den vier über die Stadt verteilten Boutiquen natürlich nicht nur Jeans, sondern komplette Kollektionen für Sie und Ihn.

17 [E6] **Bruno**, Götgatan 36, Södermalm, U-Bahn Slussen, www.brunogotgatsbacken.se, Mo.–Fr. 11–19 Uhr, Sa. 11–17 Uhr, So. 12–17 Uhr. Ausgewähltes Sortiment von eher anspruchsvoller Qualitätsware, gelegentlich finden auch spezielle Modeveranstaltungen statt.

18 [C6] **Nitty Gritty**, Krukmakergatan 26, Södermalm, U-Bahn Zinkensdamm, Tel. 08 6582440, www.nittygrittystore.com, werktags 11–18.30, Sa. 11–17, So. 12–16 Uhr. Nicht preisgünstig, aber ungemein exklusiv ist hier das Bekleidungsangebot für Damen und Herren.

19 [E3] **Rodebjer**, Jakobsbergsgatan 6, Norrmalm, U-Bahn Kungsträdgården, Tel. 08 41046095, www.rodebjer.com, Mo.–Fr. 11–18.30, Sa. 11–17 Uhr. Aktuelle Entwürfe der schwedischen Designerin Carin Rodebjer in der eigenen Boutique.

Secondhand

Wer nicht dem neusten modischen Schrei nachlaufen möchte oder aber einfach nicht den passenden Geldbeutel für edle neue Designerware hat, kann dennoch sein Glück in Stockholm finden. Erste Anlaufstation sollte diesbezüglich **Södermalm** sein, denn dort befinden sich mit dem Gebiet südlich der Folkungagatan (SoFo **35**), der Götgatan [E6] und auch der Hornsgatan [C/D6] gleich

Stockholm für Kauflustige

Shoppingareale

Die wichtigsten Shoppingbereiche der Stadt sind im Kartenmaterial mit einer rötlichen Fläche markiert.

drei Bereiche, in denen das eine oder andere Schnäppchen zu machen ist.

Darüber hinaus sind die Upplandsgatan [C1] in Vasastan oder auch die Mäster Samuelsgatan [D3] in Norrmalm Erfolg versprechende Adressen, wenn es gilt, sich mit Klamotten guter Qualität und bekannter Labels zu bezahlbaren Preisen einzudecken.

🛍20 [E4] **Flohmarkt Vårberg**, Fjäderholmsgränd 4, U-Bahn Vårberg, Tel. 7100060, www.loppmarknaden.se, Mo.–Fr. 11–18 Uhr, Sa. 10–16 Uhr, So. 11–16 Uhr, Mo.–Fr. freier Eintritt, Sa. bis 15 Uhr 15 Skr, So. bis 15 Uhr 10 Skr. Einer der größten Flohmärkte in Schweden, indoor im Vårberg Centrum. Der Eintritt am Wochenende soll die Besuchermassen lenken.

🛍21 [F7] **Grandpa**, Södermannagatan 21, Tel. 08 6436080, www.grandpa.se, werktags 11–18.30, Sa. 11–17, So. 12–17 Uhr. Retro und Vintage bestimmen – der Name weißt ja auch deutlich darauf hin – das Angebot von Grandpa. Von historischen Landkarten bis zu Designerschuhen reicht das Angebot, der Laden lädt zum Stöbern ein.

🛍22 [F7] **Lisa Larsson Second Hand**, Bondegatan 48, Tel. 08 6436153, www.lisalarssonsecondhand.com, Di.–Fr. 13–18, Sa. 11–15 Uhr. Die Mode vergangener Jahrzehnte wird hier zu neuem Leben erweckt.

🛍23 [F7] **Tjallamalla**, Folkungagatan 86, Tel. 08 6407847, www.tjallamalla.com, Mo.–Fr. 11–18, Sa. 11–17, So. 12–15 Uhr. Trendige Mode für hippe Großstädter, die mindestens eine Saison vor der H&M-Kollektion segeln möchten.

Sport- und Trekkingausrüstung

Auf der Suche nach Sportartikeln wird man sicherlich zuerst auf eine Filiale der beiden großen **Ketten Stadium oder Intersport** treffen. Im Hinblick auf Schwedens Ruf als attraktives Outdoorparadies hat Stockholm auch in dieser Richtung einiges zu bieten, beispielsweise in der Kungsgatan [E2] zwischen Sveavägen und Birger Jarlsgatan. Und daneben schmücken sich wie selbstverständlich die großen Kaufhäuser und Einkaufsgalerien der Stadt (s. S. 19) ebenfalls mit gut sortierten Sportartikelabteilungen.

Outletcenter

Wer eine längere Anfahrt nicht scheut, sollte sich in den südwestlichen Vorort Barkarby aufmachen, denn dort lädt ein großes Outletcenter zum Einkaufen ein. Da es direkt an der E18 (Ausfahrt Jacobsberg oder Barkarby) liegt, gelangt man schnell und bequem mit dem eigenen Pkw dorthin. Gleich nebenan befindet sich eine der größten IKEA-Filialen Schwedens.

🛍24 **Factory-Outlet-Center Barkaby**, Majorsvägen 2, Järfälla, Tel. 56472031, www.qualityoutlet.com, Mo.–Fr. 11–20, Sa. 10–17, So. 11–17 Uhr

◁ *Auf Souvenirjagd in den Gassen Gamla Stans*

Stockholm für Genießer

Schwedische Besonderheiten

Bevor man sich aufmacht, die kulinarischen Höhepunkte und Geheimnisse der Hauptstadt zu entdecken und zu genießen, sollte man sich **einige Besonderheiten der schwedischen Gastronomie** vor Augen halten.

Dem Reisenden wird wahrscheinlich zuerst die **Fülle an Fast-Food-Ketten und Imbissständen** auffallen. Neben Vertrautem wie McDonald's, Burger King, Kentucky Fried Chicken oder Pizza Hut findet man auch zahlreiche schwedische Vertreter dieser oder ähnlicher Ausrichtung wie zum Beispiel Saffet's oder Sybilla. Zusätzlich bereichert wird dieses Angebot durch Kebab-Buden, Schnellimbisse *(gatukök)* oder die schnelle Bauchladenvariante von der Straße. Hier locken vor allem verschiedene Hotdog-Variationen *(korv)* den hungrigen Flaneur.

Bevorzugt man allerdings eine niveauvollere Art der Nahrungsaufnahme, so hat man die **Qual der Wahl:** In der schwedischen Hauptstadt wird man sowohl auf eher **schwedisch ausgerichtete Küchen** als auch auf eine **Vielzahl internationaler Restaurants** unterschiedlichster Couleur treffen. Auch mit schwedischen Gerichten gemischte Speisekarten sind nicht untypisch. Einfachere Gerichte werden dabei – ähnlich wie bei uns – als *Husmanskost* (Hausmannskost) bezeichnet. Die Übergänge hinsichtlich der Kategorisierung greifen ineinander: In guten Bars bekommt man auch exzellentes Essen, in anspruchsvollen Restaurants trifft man wie selbstverständlich auf eine gut sortierte Bar und Musik.

Beachtet werden sollte, dass man in einigen Lokalen, vor allem in den gut besuchten Cafés der Innenstadt, von einem freundlichen **Kellner am**

Surströmming – die Kunst der Fermentierung

In vielen Ländern dieser Erde gibt es kulinarische Spezialitäten, die (bis auf wenige Ausnahmen) nur Einheimische zu schätzen wissen. Der Besucher und Zugereiste dreht sich meist schaudernd ab vor den gebratenen Ratten, den frittierten Maden oder den knusprigen Vogelspinnen.

In Schweden heißt die vergleichbare „Ekeldelikatesse" Surströmming – und ist sicher in Konservendosen gelagert. In den Dosen befinden sich ausgewachsene **Heringe, die bereits mehrere Gärungsstufen durchlaufen haben.** Nach dem Fang im Frühjahr werden die Fische acht bis zehn Wochen lang in einer Salzlake gelagert, bevor sie schließlich im Juli eingedost werden. Dort dauert der Fermentierungsprozess jedoch mindestens vier weitere Wochen an, bevor traditionell am dritten Donnerstag im August die Surströmming-Saison eröffnet wird.

Als Gütesiegel für den **passenden „Reifegrad"** der verrotteten Heringe zieht man die Konservendosen zurate: Sind sie kräftig ausgebeult, ist der Fisch verzehrfertig. Als **Vorsichtsmaßnahme** sollten die Dosen **nur unter Wasser geöffnet** werden, da die herausspritzende Fermentationsflüssigkeit einen durchdringend penetranten Gestank verbreitet, mit dem man sich in seinem sozialen Umfeld sicherlich keine Freunde macht. Meist wird der Surströmming auf dünnem Brot mit roten Zwiebeln, kleinen Kartoffeln und einer Soße aus saurer Sahne serviert, dazu wird bevorzugt Milch und Schnaps gereicht. Guten Hunger!

Anmerkung am Rande: Auch Freunde des Surströmmings sollten beachten, dass es seit einigen Jahren bei British Airways und Air France verboten ist, entsprechende Konservendosen im Flugzeug mitzuführen, da angeblich Explosionsgefahr besteht ...

Eingang empfangen wird, um zum Platz geführt zu werden. Schilder im Eingangsbereich mit dem Begriff *Hovmästeren* (Oberkellner) oder *Bordsplacering* weisen darauf hin.

Bezüglich der **Öffnungszeiten** sollte man ganz genau hinschauen: Da viele Schweden in der Sommerzeit verreisen oder die langen Tage nutzen, um einen Abstecher in die Natur zu unternehmen, bleiben **in den Sommermonaten einige Restaurants ganz geschlossen.**

Äußerst bemerkenswert ist zudem, dass die Schweden – trotz oder gerade wegen des Klimas – **Weltmeister im Eisverzehr** sind. Damit dies auch so bleibt, steht ein Eisdielenbesuch geradezu auf dem Pflichtprogramm.

Vor Ort erhält man in der Touristeninformation (s. S. 113) die **Informationsbroschüre „Stockholm Restaurangguide"**. Dieses kostenlose, größtenteils in Schwedisch und Englisch gehaltene Heftchen beinhaltet wertvolle Informationen, kulinarische Bewertungen der einzelnen Lokale und eine Kategorisierung nach Ländern. Auch online kann man sich kundig machen unter

❯ www.restaurangguidestockholm.se.

◁ *Markttag auf dem Hötorget* ❿

Die schwedische Küche

Die schwedische Küche weist **einige interessante Besonderheiten und Spezialitäten** auf, von denen man als Besucher des Landes zumindest einige probiert haben sollte. Zuallererst fällt einem dabei das **Smörgåsbord** (wörtlich: „Butterbrotstisch") ein, ein mehr als umfangreiches Büfett, das mit allerlei kalten und warmen Köstlichkeiten aufwartet. In der Weihnachtszeit steht dann die noch exquisitere Variante, das *Julbord,* auf dem Speiseplan. Speziell zur Weihnachtszeit kommen auch *Lussekattar,* goldgelbe Safran-Hefe-Teilchen, *Pepparkakor,* schwedischer Pfefferkuchen mit Ingwergeschmack, *Glögg,* die schwedische Glühweinvariante, und *Lutfisk,* ein getrockneter und anschließend in einer Lauge eingelegter Meeresfisch, auf den Tisch.

Spätestens seit IKEAs Siegeszug kennt man auch in Deutschland **Köttbullar,** kleine Hackfleischbällchen, die man mit Kartoffelpüree *(mos),* Ketchup oder (süßem) Senf *(senap)* verzehrt. *Pytt i Panna* besteht aus gewürfelten Wurst- und Fleischstückchen, Kartoffeln, Zwiebeln und Roter Bete, welches abschließend noch mit einem Spiegelei verfeinert werden kann. Ein anderes schwedisches Nationalgericht ist *Janssons Frestelse,* Janssons Versuchung. Inwieweit eine wirkliche Versuchung darstellt, bleibt jedem selbst überlassen zu beurteilen, der Sahneauflauf lockt letztendlich mit einer Mischung aus Kartoffeln, Zwiebeln und Anchovis.

Bei einem Besuch in Schweden liegt zudem nichts näher, als sich auch einmal an **Elch-** *(älg)* **oder Rentiergerichte** *(ren)* heranzuwagen. Gereicht werden diese Speisen gerne mit Kartoffeln *(potatis)* und Preiselbeeren *(lingon).* Mindestens genauso schwedentypisch sind *Knäckebröd,* das leckere **Knäckebrot,** das es hier in allen Variationen zu geben scheint, und *Falukorv,* die mehr als rote Fleischwurst, die ihren Namen der Ursprungsstadt Falun zu verdanken hat. Ein *Hamburgaretallrik* bezeichnet einen riesigen, kaum zu bewältigenden Hamburger mit Pommes als Beilage, dem mit Messer und Gabel zu Leibe zu rücken ist.

Aufgrund der langen Küstenlinie und der vielen Seen und Flüsse kann Schwedens Küche auch mit zahlreichen hervorragenden **Fischspezialitäten** begeistern. *Sill,* der auf viele verschiedene Arten eingelegte Hering, schmeckt am besten zu Kartoffeln und darf – ebenso wie *Räkor* (Krabben) – auf keinem *Smörgåsbord* fehlen. Wer *Gravad Lax* bestellt, wird sich einen gebeizten Lachs auf der Zunge zergehen lassen können.

▷ *Schwedischen Absolut Wodka gibt es in vielen Geschmacksrichtungen*

Strömming bezeichnet die Stockholmer Variante des Ostseeherings. Der eigentlich aus Nordschweden stammende *Surströmming* ist allerdings mit Vorsicht zu genießen. Es handelt sich dabei nämlich um **fermentierten Hering**, bei dem durch den Gärungsprozess auch die Konservendosen verformt werden können. An diesem Gericht scheiden sich folglich die Geister (s. S. 25). Einen wahren Gaumenschmaus stellen hingegen *Kräftor* dar, eine Krebsspezialität, die vor allem zu Beginn der Saison im August zusammen mit viel Schnaps verspeist wird.

Getränke

Die Übergänge von einem gepflegten Bier oder Wein zum Essen über einen gemütlichen „Absacker" an der Bar bis hin zum intensiven Nachtleben sind wortwörtlich fließend. Die konkreten Empfehlungen für Bars und Kneipen finden sich im Kapitel „Stockholm am Abend" (s. S. 39). Dennoch sind schon an dieser Stelle einige generelle Informationen hilfreich:

KURZ & KNAPP

Schwedisches Bier – eine Klassengesellschaft

Die staatlich lizenzierte und stark überwachte Alkoholpolitik führt beim Verkauf von Bier zu einigen Kuriosa, die man als Nicht-Schwede auf den ersten Blick nicht versteht. So gibt es die meisten in Schweden angebotenen Biere in drei unterschiedlichen Klassen zu kaufen: Klasse I, Klasse II oder Klasse III! Die Klasseneinteilung erfolgt hierbei nach dem Alkoholgehalt des Hopfengetränks. Die Klassen I und II sind noch frei in jedem normalen Supermarkt erhältlich und kommen auf maximal 2,25 Vol.-% *(Lättöl)* respektive 3,5 Vol.-% *(Folköl)* Alkohol. Den Porsche unter den Bieren stellt die Klasse III mit 3,5 % oder mehr dar. Dieses Bier darf sich dann auch *Starköl* nennen, wird aber konsequenterweise nur noch in den staatlichen Alkoholläden *Systembolaget* vertrieben.

Alkoholfreie Getränke sind in Gaststätten kostenlos (Leitungswasser) oder kosten etwa 20–25 Skr (Cola, Fanta etc., schwedischer Sammelbe-

griff: *Läsk*). Für ein Glas **Bier** (0,4 l der Klasse III, vgl. Kasten „Schwedisches Bier – eine Klassengesellschaft") wären 50–60 Skr einzurechnen. **Wein** wird auch in Schweden immer beliebter. Ein Glas Wein zum Essen kostet ca. 60 Skr, für eine Flasche muss man mindestens 250 Skr (und aufwärts!) einkalkulieren.

Freunden des Hochprozentigen ist in Schweden selbstverständlich ein **Wodka** ans Herz zu legen. Wenn es auch eine kleine Herausforderung für die Urlaubskasse sein kann – ein Wodka kostet in einer Bar ab 60 Skr –, so führt doch an einem Absolut oder einem Finlandia (auch wenn letzteres kein schwedisches Produkt ist) kaum ein Weg vorbei.

Das **Mindestalter** für den Alkoholausschank beträgt in Schweden 18 Jahre. Allerdings machen viele Bars oder Klubs von möglichen Ausnahmeregelungen Gebrauch, das Mindestalter wird dann beispielsweise auf 20 oder 23 Jahre angehoben. Gaststätten mit einer **Schanklizenz** machen dies durch einen Aushang *Fullständiga Rättigheter* kenntlich.

KURZ & KNAPP

Der staatliche Alkoholdealer: Systembolaget

In Schweden dürfen alkoholische Getränke, die einen höheren Alkoholgehalt als 3,5 Vol.-% vorweisen, nur in den staatlichen Systembolaget-Läden (kurz Systemet) verkauft werden. In diesen landesweit ca. 400 Läden werden Weine, Spirituosen oder das mit unserem normalen Bier vergleichbare *Starköl* verkauft. Sie gleichen unseren Supermärkten, nur mit der Einschränkung, dass ausschließlich Alkoholika in den Regalen zu finden sind. Um dort einzukaufen, muss man älter als 20 Jahre sein, man sollte nüchtern erscheinen und gegebenenfalls einen Ausweis zur Hand haben. Nachdem es bislang üblich war, zum Einkaufen Nummern zu ziehen und sich dann von der durchaus professionellen Bedienung die gewünschten Getränke bringen zu lassen, muten die neuerdings auch genehmigten Selbstbedienungsläden fast schon als Sensation an.

Auch wenn viele Läden jetzt an Samstagen (zumeist 10–13 Uhr, wochentags in der Regel 10–18 Uhr) geöffnet haben, sollte man es doch vermeiden, freitagabends oder samstags dort einzukaufen, es sei denn, man bringt ausreichend Zeit und Geduld mit. Trotz aller durchaus berechtigten Skepsis sollte man sich nicht täuschen lassen: Ein Systemet verfügt über ein breites und qualitativ gutes Angebot an Spirituosen und auch preislich braucht man nicht immer gleich das Schlimmste zu befürchten.

Kulinarischer Tagesablauf

Der Stockholmer beginnt seinen Tag mit dem **frukost**, seinem **Frühstück.** Dafür stehen verschiedene Milchprodukte (z. B. auch *filmjölk,* eine saure Milch, vergleichbar mit Buttermilch), Müsli, Käse, Aufschnitt, Marmeladen, (zumeist süßes Weiß-)Brot, die wunderbar cremigen Joghurts und natürlich Kaffee zur Auswahl. In den Hotels oder Lokalen findet man häufig ein Frühstücksbüfett vor.

Für die meisten Stockholmer folgt zur **Mittagszeit** ihre Hauptmahlzeit, das *lunch*. Entweder speist man à la carte und damit etwas teurer oder aber man wählt das in vielen Lokalen angebotene *dagens rätt,* ein günstiges Tagesgericht, das aus einer Hauptspeise, Brot, Salat, einem Getränk und Kaffee besteht. Das *dagens rätt* (oder auch *dagens lunch*) kos-

Auf ins Vergnügen
Stockholm für Genießer

tet 65–90 Skr (ca. 7–9 €) und wird meist in der Zeit von 11 bis 14 Uhr (manchmal auch bis 16 Uhr) serviert, es wird jedoch an Wochenenden oft nicht angeboten.

Was für die Briten ihre *teatime*, ist für die Schweden ihr **fika**. Gemäß dieser schwedischen Tradition macht man es sich zur **Kaffeezeit** gemütlich, was durchaus auch mal länger dauern kann. Kein Wunder also, dass Stockholm auch als „Stadt der Cafés" bezeichnet werden kann. Entweder trinkt man einen guten und starken Kaffee, eine der zahlreichen Kaffeevariationen oder Tee. Der Kaffee kann schon einmal 20–30 Skr (ca. 2–3 €) kosten, dann ist allerdings auf **påtår** zu achten, was besagt, dass zumindest eine zweite Tasse nachgeholt werden darf. Eine einzelne Tasse Kaffee kommt natürlich billiger. Dazu isst man Kuchen, Gebäck, Kekse oder auch manchmal ein Sandwich. Das **Gebäck** in Schweden ist meist süß und gelegentlich sehr farbenfroh. Besonders das aus Dänemark stammende *wienerbröd*, ein nach der österreichischen Hauptstadt benanntes Blätterteiggebäck, ist köstlich.

Das **Abendessen** in Schweden heißt kurioserweise **middag**. Die Restaurants (*Restaurang, Värdshus* oder *Krog*) können zu dieser Tageszeit, speziell am Wochenende, gut besucht sein. Daher ist es empfehlenswert, einen Tisch im Voraus zu reservieren. Pizzas kosten um die 70 Skr, ein einfaches Gericht – eine preiswerte Speise findet man auf fast jeder Karte – wird man schon für 120 Skr bestellen können, für ein 3-Gänge-Menü sollte man zwischen 250 und 400 Skr einkalkulieren. Hinzuzurechnen sind dann noch die Preise für die Getränke.

Trinkgeld ist nicht unüblich, liegt aber natürlich im eigenen Ermessen. Wenn man mit seinem Essen und dem Service zufrieden ist, sind 10–15 % der Rechnung (*räkning*) durchaus angebracht; in Bars reicht aber beispielsweise auch das Aufrunden des Betrages.

Empfehlenswerte Lokale

Schwedische Küche

25 [cg] **Clas på hörnet** €€€, Surbrunnsgatan 20, U-Bahn Odenplan, Tel. 08 165136, www.claspahornet.se, Mo.–Fr. 11.30–24, Sa. 17–24 Uhr, So. geschlossen. Traditionsreiches und nettes Restaurant mit guter schwedischer Küche, klassisches Interieur mit Kronleuchtern.

26 [E5] **Den Gyldene Freden** €€€€, Österlånggatan 51, U-Bahn Gamla Stan, Tel. 08 249760, www.gyldenefreden.se, Mo.–Fr. 11.30–14.30 u. 17–22 (freitags bis 23) Uhr, Sa. 17–23 Uhr, So. geschlossen. Ein traditionsreicheres Lokal wird man in Stockholm kaum finden, da in den historischen Räumlichkeiten schon seit 1722 gehobene schwedische Hausmannskost serviert wird.

27 [H4] **Godthem Wärdshuset** €€€, Rosendalsvägen 9, Djurgården, Bus Nr. 44 oder Straßenbahnlinie 7, Tel. 08 68423840, www.villagodthem.se, Mo. 11.30–22, Di.–Fr. 11.30–23, Sa. 12–23, So. 12–22 Uhr. In idyllischer Lage im Norden von Djurgården gelegen, speist man im Godthem ausgezeichnet.

Restaurantkategorien

€	bis 100 Skr
€€	100–200 Skr
€€€	200–300 Skr
€€€€	über 300 Skr

Der Schwerpunkt liegt auf skandinavischen Gerichten. Mit Seeblick und Terrasse (ab Mai geöffnet).

28 [H5] **Hasselbacken** €€€, Hazeliusbacken 20, Straßenbahnlinie 7, Tel. 08 51734300 oder 08 51734307, www.restauranghasselbacken.com. Alteingesessenes Etablissement bestehend aus Hotel, Restaurant (bis 23 Uhr) und Bar (bis 24 Uhr), am Wochenende zwischen 12 und 16 Uhr Brunch, große Terrasse.

29 [E5] **Källaren Movitz** €€€, Tyska Brinken 34, U-Bahn Gamla Stan, Tel. 08 209979, www.movitz.com, Mo.–Do. 11–23, Fr. 11–24, Sa. 12–24, So. 16–22 Uhr. In dem urigen Altstadt-Kellergewölbe aus dem 17. Jahrhundert lässt sich stilecht speisen, wobei der Schwerpunkt der Speisekarte – neben internationalen Speisen – auf Schwedischem liegt. Im Erdgeschoss lädt der angeschlossene Pub anschließend zu einem Absacker ein.

30 [E5] **Kryp In** €€, Prästgatan 17, U-Bahn Gamla Stan, Tel. 08 208841, www.restaurangkrypin.se, Mo.–Fr. 17–23, Sa. 12.30–23 Uhr (im Winter sonntags nur teilweise geöffnet). „Krabbel Hinein" fordert der Restaurantnamen auf Schwedisch: hinein in die Speisekarte von Dorsch bis Rentier – moderne schwedische Küche!

31 [E5] **Mårten Trotzig** €€€, Västerlånggatan 79, U-Bahn Gamla Stan, Tel. 08 4422530, www.martentrotzig.se, Mo.–Fr. 17–1 Uhr, Sa./So. 12–1 Uhr. Die Einrichtung versetzt die Gäste in die Mitte des 17. Jahrhunderts, sehr beliebt.

32 [F7] **Nytorget Urban Deli** €€, Nytorget 4, U-Bahn Medborgarplatsen, Tel. 08 59909180, www.urbandeli.org, So.–Di. 8–23, Mi./Do. 8–24, Fr./Sa. 8–1 Uhr. Breit gefächertes Angebot unterschiedlicher Gerichte meist nordischer Provenienz. Mit angeschlossener „Meeresfrüchte-Bar" und kleinem Spezialitätensupermarkt. Tipp: Lunchangebote (11.30–14.30 Uhr, 110 Skr) inkl. Brot, Salat und Kaffee.

33 [cj] **Pelikan** €€€, Blekingegatan 40, U-Bahn Medborgarplatsen, Tel. 08 55609090, www.pelikan.se, Mo.–Do. 16–24, Fr.–Sa. 13–1, So. 13–24 Uhr. Im großen, mit dunklem Holz verkleideten Speisesaal spürt man die kulinarische Tradition des Pelikan. Aber so alt wie das Interieur, so lecker und frisch die schwedische Hausmannskost.

34 [B1] **Tennstopet** €€€, Dalagatan 50, U-Bahn Odenplan, Tel. 08 322518, www.tennstopet.se, Mo.–Fr. 11.30–1, Sa./So. 13–1 Uhr. „Alles neu – genau wie früher" ist der Wahlspruch dieses ur-schwedischen Restaurants. Klassische Fleisch- und Fischgerichte sind die Spezialität dieser etwas verwinkelten Speisestätte.

Internationale Küche

35 [D3] **BarbeQue Steakhouse & Bar**, Kungsgatan 54, U-Bahn Hötorget, Tel. 08 100026, www.bbqsteakhouse.se, Mo.–Do. 10–23, Fr. 10–1, Sa. 11–1, So. 12–22 Uhr. Amerikanische, sehr fleischreiche Gerichte bestimmen die Speisekarte dieses zentral gelegenen Restaurants. Mit besonderer After-Work-Getränkekarte, die werktäglich zwischen 15 und 18 Uhr die Geldbörse entlastet.

36 [E3] **Berns** €€€, Berzelii Park, U-Bahn Kungsträdgården, Tel. 08 56632222, 08 56632515, www.berns.se, tägl. ab 6.30 (Frühstück, Sa./So. ab 7.30) bzw. 11.30 Uhr für den regulären Betrieb. Eine *der* Institutionen der Stadt! Innerhalb des Berns-Komplexes befinden sich die beiden Restaurationsbetriebe „Berns Bistro" und „Berns Asiatiska" mit den entsprechenden Schwerpunkten, die sich aus den Namen ableiten lassen. Daneben besitzt der Komplex unbestrittene Qualitäten in puncto Nachtleben.

37 [E1] **Divino** €€€€, Karlavägen 28, U-Bahn Karlaplan, Tel. 08 6110269,

Auf ins Vergnügen
Stockholm für Genießer

www.divino.se, Mo.–Sa. 18–23 Uhr. Erstklassiges und preisgekröntes italienisches Lokal, das u. a. mit 7-gängigen Menüabfolgen für 900 Skr und einer 129-seitigen Weinliste aufwartet.

38 [H7] **Fåfängan** €€, Klockstapelsbacke 3, Bus Nr. 53/71, Tel. 08 6429900, www.fafangan.se, in den Sommermonaten tägl. 11–22 Uhr, im Winter wechselnde Öffnungszeiten. Abseits der Besucherströme gelegen, überzeugt das Lokal Gaumen und Auge mit preisgünstigen Gerichten und einem überragenden Ausblick über Stockholm.

39 [E5] **Restaurang Frantzén** €€€€, Lilla Nygatan 21, U-Bahn Gamla Stan, Tel. 08 208580, www.restaurantfrantzen.com, Di.–Fr. ab 18, Sa. ab 15 Uhr. Wer dem Edelrestaurant mit zwei Michelin-Sternen einen Besuch abstatten möchte, sollte die Kreditkarte nicht im Hotel vergessen: 12-Gänge-Menü für 2200 Skr.

40 [D4] **F12 Restaurant** €€€€, Rödbotorget 2, U-Bahn T-Centralen, Tel. 08 50524400, www.f12.se, Mo.–Fr. 11.30–14 u. 18–1 Uhr, Sa. nur 17–1 Uhr. Neben dem sehr guten Restaurant mit einem Extramenü für Vegetarier und seiner Bar genießt das in der Nähe des Reichstags gelegene F12 auch einen guten Ruf im Stockholmer Nachtleben, nicht zuletzt aufgrund der Liveveranstaltungen.

41 [E6] **Gondolen** €€€, Stadsgården 6, U-Bahn Slussen, Tel. 08 6417090, www.eriks.se, Mo.–Fr. 11.30–14.30 u. 17–1 Uhr, Sa. 16–1 Uhr. In luftiger Höhe von 33 m am Katarinahissen speist man hier mit überragendem Ausblick über die Stadt. Die kulinarische Ausrichtung reicht von nordischen Fischgerichten bis hin zu internationalen Fleischspezialitäten. Vom gleichen Betreiber wie Eriks Bakficka (s. S. 34).

42 [C2] **Grill** €€€, Drottninggatan 89, U-Bahn Rådmansgatan, www.grill.se, Tel. 08 314530, Mo.–Fr. 11.15–13.30

> **EXTRATIPP**
> **Für den späten Hunger**
> Abgesehen von diversen Restaurants der Stadt, die insbesondere am Wochenende die Küche oftmals bis Mitternacht geöffnet haben, existiert in Stockholm eine **Vielzahl an Imbissmöglichkeiten,** die teilweise rund um die Uhr kleine Snacks anbieten. Hervorzuheben sind dabei die Kioske von 7-Eleven und Pressbyrån. Dort erhält man zu jeder Tages- und Nachtzeit Hotdogs, Hamburger und Sandwiches. Eine weitere Futterstelle für Nachtaktive sind die Imbissbuden der Fast-Food-Kette Sybilla. Außerdem findet man im gesamten Innenstadtbereich **mobile Imbisswagen** – auf Schwedisch *Gatukök* (dt. Straßenküche) –, die mit ihrer *korv* (dt. Wurst) schon viele Nachtschwärmer sehr glücklich gemacht haben.

u. 17–1 Uhr, Sa. 16–1, So. 15–23 Uhr. Der Name ist zugleich Programm: Die Spezialitäten des Hauses werden auf dem Grill zubereitet. Das Büfett am Wochenende ist für Kinder unter 10 Jahren kostenlos.

38 [eh] **Kaknästornet** €€€, Mörka Kroken 28–30, Bus Nr. 69, Tel. 08 6672180, www.kaknastornet.se, Mo.–Sa. 11–22 und So. 11–17 Uhr. Egal ob zum Brunch (Sa./So. 12–17 Uhr), Kaffee oder Abendessen, der Ausblick vom Fernsehturm (155 m) auf Schärengarten oder Hauptstadt ist einmalig.

43 [E3] **KB (Konstnärsbaren)** €€€, Smålandsgatan 7, U-Bahn Östermalmstorg, Tel. 08 6796032, www.konstnarsbaren.se, Mo.–Fr. 11.30–0.30, Sa. 13–0.30 Uhr. Gutes und mittelpreisiges Essen in einem Lokal für Künstler, Intellektuelle und alle, die sich dafür halten.

44 [E2] **Kung Carls Bakficka** €€€, Norrlandsgatan 28, U-Bahn Östermalmstorg, Tel. 08 4635080, www.hotelkungcarl.se, Mo.–Do. 11.30–24 Uhr, Fr./Sa. bis

Stockholm für Genießer

1 Uhr, So. 12 – 16 Uhr. Gutes Restaurant, bei dem das Preis-Leistungs-Verhältnis stimmt.

45 [B4] **Mamas and Tapas** €€, Scheelegatan 3, U-Bahn Rådhuset, www.tapas. nu, Tel. 08 6535390, Mo.–Fr. 17 – 1, Sa./So. 14 – 1 Uhr. Wie der Name schon verrät, geht es hier eher Spanisch zu.

› **Östermalms Saluhall** €€ (s. S. 21), Östermalmstorg, U-Bahn Östermalmstorg, www.ostermalmshallen.se, Mo. – Do. 9.30 – 18, Fr. 9.30 – 19, Sa. 9.30 – 16 Uhr. Diese Markthallen sind ein wahrer Gourmettempel! Speisen gibt es hier sowohl zum Mitnehmen als auch zum sofortigen Verzehr.

46 [D4] **Pong Asian** €€, Klara Tvärgränd 3, U-Bahn T-Centralen, Tel. 08 4400208, www.pongasian.se, Mo.–Fr. 10.30 – 16 u. 17 – 22, Fr. bis 23 Uhr, Sa. 12 – 23, So. 12 – 22 Uhr. Restaurant, Sushibar und Take-away, Buffett ab 90 Skr. Aufgrund der zahlreichen Büros in der näheren Umgebung auch mittags gut besucht.

47 [E3] **Prinsen** €€€, Mäster Samuelsgatan 4, U-Bahn Östermalmstorg, Tel. 08 6111331, www.restaurangprinsen. eu, Mo.–Fr. 11.30 – 23.30 Uhr, Sa. 13 – 23.30 Uhr, So. 17 – 22.30 Uhr. Anspruchsvolles, international ausgerichtetes Restaurant.

48 [A1] **RAW** €€, Rörstrandsgatan 9, U-Bahn St. Eriksplan, Tel. 08 309680, www.raw.se, Mo./Di. 11 – 21, Mi.–Fr. 11 – 21, Sa. 17 – 22, So. 17 – 21 Uhr. Guter Japaner, bei dem erwartungsgemäß Sushi gereicht wird.

49 [D2] **Rolfs Kök** €€€, Tegnérgatan 41, U-Bahn Rådmansgatan, Tel. 08 101696, www.rolfskok.se, Mo.–Fr. 11.30 – 1, Sa. 17 – 1, So. 17 – 24 Uhr.

Sehr gutes Essen in moderater Preislage. Das Restaurant ist meistens gut besucht, im Sommer allerdings lange Ferien und somit dann geschlossen.

50 [F7] **Sardin** €€, Skånegatan 79, U-Bahn Medborgarplatsen, Tel. 08 6449700, www.restaurangsardin.se, tägl. ab 17 Uhr, So. geschlossen. Das kleine, fast schon unscheinbare Lokal bietet eine hervorragende Küche mit zuvorkommender Bedienung in netter Atmosphäre. Schöne Sitzgelegenheit vor dem Restaurant.

51 [E5] **Sjättetunnan** €€€, Stora Nygatan 43, U-Bahn Gamla Stan, Tel. 08 4400919, www.sjattetunnan.se, Mo.–Fr. 17 – 1, Sa. 13 – 3, So. 13 – 1 Uhr. Mit ein wenig Fantasie fühlt man sich in dem mittelalterlichen Restaurant in vergangene Jahrhunderte zurückversetzt.

52 [D6] **Sjögräs** €€€, Timmermansgatan 24, U-Bahn Mariatorget, Tel. 08 841200, www.sjogras.com, Mo.–Sa. 17 – 24 Uhr. Populäres Restaurant mit Bar im quirligen Mariatorget-Viertel.

53 [B3] **Spisa hos Helena** €€€, Scheelegatan 18, U-Bahn Rådhuset, Tel. 08 6544926, www.spisahoshelena. se, Mo.–Fr. 11 – 24, Sa. 16 – 24, So. 16 – 23 Uhr. Zahlreiche Auszeichnungen zeugen von der guten Qualität der Gerichte. Lunch-Angebote (Mo.–Fr. 11 – 14.30 Uhr) unter 100 Skr.

54 [bg] **Stockholms Matvarufabrik** €€€, Idungatan 12, U-Bahn Odenplan, Tel. 08 320704, www.matvarufabriken.com, Mo.–Fr. 11 – 14 u. ab 17 Uhr, Sa. nur ab 17 Uhr, So. geschlossen. Auch wenn der Name es suggeriert: Dies ist keine „Fabrik", sondern ein erstklassiges Restaurant mit einer internationalen Speisekarte.

55 [E2] **Sturehof** €€€, Stureplan 2, U-Bahn Östermalmstorg, Tel. 08 4405730, www.sturehof.com, Mo.–Fr. 11 – 2, Sa./So. 12 – 2 Uhr. Exquisites und angesagtes Restaurant in bester Lage am Sture-

> *Das Restaurant Sturehof ist seit Jahren eine der bekanntesten Institutionen der Gastroszene*

Auf ins Vergnügen
Stockholm für Genießer

plan, ergänzt um die beliebte O-Baren, die kühle Getränke und breit gefächerte musikalische Beschallung bietet.

56 [E2] **Vassa Eggen** €€€–€€€€, Birger Jarlsgatan 29, U-Bahn Östermalmstorg oder Hötorget, www.vassaeggen.com, Tel. 08 216169, Mo.–Fr. 11.30–14 Uhr und 17.30–23 Uhr, Sa. 17.30–23 Uhr. Eines der besten Restaurants Stockholms, das 2005 aufwendig renoviert wurde. Die Küche ist international ausgerichtet, besonders für Freunde einer üppigen Fleischmahlzeit zu empfehlen. Brunch am Wochenende.

57 [H4] **Wärdshus Ulla Winbladh** €€€, Rosendalsvägen 8, Straßenbahnlinie 7, Tel. 08 53489701, www.ullawinbladh.se, Mo. 11.30–22, Di.–Fr. 11.30–23, Sa. 12.30–23, So. 12.30–22 Uhr. Ein sehr gutes Restaurant, das – wenn man schon einmal auf Djurgården ist – auch aufgesucht werden sollte. Repertoire der Küchenmannschaft reicht von gehobener schwedischer Hausmannskost bis zu feiner französischer Küche. Auch zum Brunchen zu empfehlen, mit grüner Außenterrasse.

Vegetarisch

Abgesehen von den hier erwähnten vegetarischen Restaurants kann man auf fast allen Speisekarten der „normalen" Restaurants eine kleine Auswahl an vegetarischen Speisen entdecken. Ansonsten stellt es auch kein Problem dar, die regulären Gerichte fleischlos zu bestellen bzw. die Bestandteile auf Wunsch zusammenstellen zu lassen. Die Kellner und die Küchenteams sind diesbezüglich in der Regel sehr aufgeschlossen und kommen den Gästewünschen zumeist entgegen.

58 [cj] **Chutney** €€, Katarina Bangatan 19, Tel. 08 6403010, U-Bahn Medborgarplatsen, www.chutney.se, Mo.–Fr. 11–22 Uhr, Sa. 12–22, So. 12–21 Uhr. Ein sehr gutes vegetarisches Lokal mit Tagesgerichten ab 75 Skr.

59 [F6] **Hermans** €€, Fjällgatan 23b, Södermalm, Tel. 08 5439480, tägl. 11–21 Uhr, www.hermans.se. Hier kam man sehr gut vegetarisch essen – und dies zu günstigen Preisen. Hermans wirbt mit einer der besten Aussichten über die

Auf ins Vergnügen
Stockholm für Genießer

Stadt und tollen vegetarischen Büfettangeboten – beides ist nicht zuviel versprochen! Das Lokal liegt etwas abseits der üblichen Routen.

Fischrestaurants
🚇60 [G3] **Eriks Bakficka** €€€, Fredrikshovsgatan 4, U-Bahn Karlaplan oder Bus Nr. 69, Tel. 08 6601599, www.eriks.se, Mo.–Fr. 11.30–15 u. 17–23 Uhr, Sa. 17–23.30 Uhr. „Eriks Gesäßtasche" ist sehr zu empfehlen. Auf der Speisekarte sind viele schwedische Fischspezialitäten zu finden. Lunch-Gerichte erhält man für preiswerte 110 Skr.

🚇61 [F3] **Lisa på Torget** €€€, Östermalmstorg 2, U-Bahn Östermalmstorg, Tel. 08 55340450, www.lisapatorget.se, Mo.–Fr. 11.30–23, Sa. 12–23, So. 13–23 Uhr (im Winter kürzere Öffnungszeiten).

EXTRATIPP

Restaurants mit guter Aussicht

Für Hungrige, die nicht nur vom Magen angetrieben werden, sondern beim kulinarischen Genuss gerne auch das Auge schweifen lassen möchten, gibt es in Stockholm vielerlei Möglichkeiten, beide Sinne zufriedenzustellen. Den höchsten Sitzplatz hat man eindeutig im **Fernsehturm Kaknästornet** ㊳: Der Blick über die gesamte Stockholmer Innenstadt ist hier im Essenspreis bereits inkludiert. Das **Fåfängan** (s. S. 31) an der „Steilküste" von Södermalm lädt ein zum Blick über Djurgården, Kastellholmen und Gamla Stan – weniger dramatisch, aber dafür umso gemütlicher. Auch aus dem Restaurant Gondolen (s. S. 31), direkt im Katarinahissen gelegen, hat man eine tolle Sicht auf Gamla Stan. Unschlagbar schöne Sonnenuntergänge garnieren hier das köstliche Essen.

Eine andere Art von Ausblick hat man in den Restaurants am Medborgerplatsen [E7] in Södermalm oder am Stureplan [E2] in Östermalm. Hier flanieren tagsüber wie abends viele Passanten vorbei und wer gerne Menschen schaut oder die neusten Modetrends der schwedischen Hauptstadt erkunden möchte, sollte sich einen Sitzplatz auf den Außenterrassen nicht entgehen lassen.

001st Abb.: ld

Auf ins Vergnügen
Stockholm für Genießer

Dies ist die beliebte und begehrte Freiluftvariante des Restaurants in den Saluhallen, das besonders für seine Fischspezialitäten berühmt ist.

◗62 [B1] **Wasahof** €€€, Dalagatan 46, U-Bahn Odenplan, Tel. 08 323440, www.wasahof.se, Mo.–Di. 17–24 Uhr, Mi.–Sa. 17–1 Uhr. Insbesondere bei Künstlern beliebtes Restaurant für Fischspezialitäten. Auch Kammermusik oder Jazz – alles live und passend zu den Speisen.

◗63 [E3] **Wedholms Fiskrestaurang** €€€€, Nybrokajen 17, U-Bahn Kungsträdgården, Tel. 08 6117874, www.wedholmsfisk.se, Mo. 11.30–14 Uhr und 18–23 Uhr, Di.–Fr. 11.30–23 Uhr, Sa. 17–23 Uhr, So. geschlossen. Wie der Name schon verrät: Fisch auf höchstem Niveau.

Imbisse

◗64 [D3] **Kungshallen** €, Kungsgatan 44 (direkt am Hötorget gelegen), U-Bahn Hötorget, www.kungshallen.nu, Mo.–Fr. 9–23, Sa. 11–23, So. 12–23 Uhr. „Fast Food" auf hohem Niveau in 16 Filialen – mehr als nur für zwischendurch.

◗65 [E6] **Strömming-Imbisswagen** €, Slussen-Vorplatz. Kaum zu glauben, aber die lange Schlange vor dem Imbiss spricht Bände: Für immer mehr Stockholmer gibt es den besten Fisch mitten auf dem ungemütlichen Platz am Slussen in einer unscheinbaren Imbissbude mit der Aufschrift „Nystekt Strömming".

Cafés

◗66 [A3] **Amy's Café**, Drottningholmsvägen 9, U-Bahn Fridhemsplan, Tel. 08 6521119, www.amys.se, Mo.–Fr. 10–19, Sa./So. 11–16 Uhr. Gemütliches Café mit liebevoll zubereiteten Speisen wie Suppen oder Salaten und dem „Großen Frühstück" am Wochenende. Monatlich wechselnd stellen Künstler hier aus.

◗67 [G7] **Bakverket**, Bondegatan 59, Tel. 08 6409107, Mo.–Fr. 8–17, Sa./So. 10–17 Uhr. Solange die Tore des Backwerks geöffnet sind, kann man hier frühstücken – also den ganzen Tag über. Ausgesprochen lecker belegte Baguettes und allerlei Kuchenvariationen sorgen für ein immer gut gefülltes Café.

◗68 [H5] **Blå Porten**, Djurgårdsvägen 64, Bus 44 und 47, Tel. 08 6638759, www.blaporten.com, tägl. ab 11 Uhr. Nettes, „grünes" Café, das mit viel Liebe zum Detail eingerichtet ist.

◗69 [E5] **Boutique de Chocolat**, Tyska Brinken 24, U-Bahn Gamla Stan, Tel. 073 9488590, www.chokladbutik.se, Mo.–Fr. 10.30–18, Sa./So. 11–16 Uhr. In diesem winzigen Café gibt es die wahrscheinlich beste heiße Schokolade der Stadt, der Löffel bleibt darin beinahe stecken.

◗70 [C1] **Café Blåbär**, Upplandsgatan 54, U-Bahn Odenplan, Tel. 08 325475, Mo.–Fr. 10–20, Sa./So. 11–18 Uhr. Kleines, beinahe unscheinbares Café mit einer unerwarteten Fülle verschiedener Salate, sehr gut für einen Stopp zwischendurch geeignet.

◗71 [A1] **Café Levinsky's**, Rörstrandsgatan 9, U-Bahn St. Eriksplan, Tel. 08 303333. Angesagt beim jüngeren Publikum, neben den klassischen Kaffeeangeboten tendiert die Speisekarte deutlich in Richtung Mexiko. Modern eingerichtet, mit großer Außenterrasse im Sommer.

◗72 [D3] **Café Panorama**, Kulturhuset (5. Stock), Sergels Torg, U-Bahn T-Centralen, Tel. 08 211035, Mo.–Fr. 11–20, Sa. 11–18, So. 11–17 Uhr. Café mit herrlichem Blick über den Sergels Torg.

◗73 [D1] **Café Piastowska**, Tegnérgatan 5, U-Bahn Rådmansgatan, Tel. 08 212508. In dem ebenso guten wie gemütlichen Lokal fühlt man sich in eine ganz spezielle, polnische Welt versetzt.

◗74 [F7] **Café String**, Nytorgsgatan 38, U-Bahn Medborgarplatsen, Tel. 08

Stockholm für Genießer

7148514, www.cafestring.com, Mo.–Do. 9–20, Fr. 9–19, Sa./So. 10–19 Uhr. Der richtige Ort für ein ausgiebiges Frühstücksbüfett.

- **75** [F3] **Café Tidemans**, Sibyllegatan 3, U-Bahn Östermalmstorg, Tel. 08 6641170, www.tidemans.se, Mo.–Fr. 9–20, Sa./So. 10–20 Uhr. Beliebte Espressobar mit zeitloser Inneneinrichtung.
- **76** [bg] **Café Valand**, Surbrunnsgatan 48, U-Bahn Odenplan, Tel. 08 300476, Mo.–Fr. 8–18, Sa. 9–17 Uhr, So. geschlossen. Dieses Café ist eine Zeitmaschine: Die Inneneinrichtung ist noch original aus den 1950er-Jahren erhalten geblieben – tolle Atmosphäre, leckeres Essen.
- **77** [E5] **Chokladkoppen & Kaffekoppen**, Stortorget 18–20, U-Bahn Gamla Stan, Tel. 08 203170, www.chokladkoppen.se, tägl. 9–23 Uhr. Die wohl erste Adresse in Gamla Stan. Direkt am Stortorget, daher häufig gut besucht. Ein Treffpunkt der Gay-Szene.
- **78** [D2] **Citykonditoriet**, Adolf Frediks Kyrkogata 10, U-Bahn Hötorget, Tel. 08 53480720, www.citykonditoriet.com, Mo.–Sa. 10–18 Uhr. Schöner alter, riesiger Saal, der etwas versteckt in einer Seitenstraße der Drottninggatan liegt (2. Etage). Das Neonkreuz der Citykirche weist den Weg.
- **79** [G4] **Djurgårdsbrons Sjöcafé**, Galärvarvsvägen 2, Bus Nr. 47, Tel. 08 6614488, www.sjocafet.com, April–September geöffnet. Das schön am Wasser gelegene Café bietet auch Boots-, Inliner- und Fahrradverleih.
- **80** [cj] **Gunnarsons Specialkonditori**, Götgatan 92, U-Bahn Skanstull, Tel. 08 6419111, www.gunnarsons.se, Mo.–Do. 7–21, Fr. 7–20, Sa. 7.30–18, So. 10–18 Uhr. Hochwertige Zutaten und klassisches Bäckerhandwerk sorgen einfach für erstklassige Resultate: Brot, Torten, Gebäck, Pralinen und im Sommer sogar frisches Eis. Etwas höherpreisig.
- **81** [D3] **Konditori Vetekatten**, Kungsgatan 55, U-Bahn T-Centralen, Tel. 08 208405, www.vetekatten.se, Mo.–Fr. 7.30–19.30, Sa. 9.30–17, So. 12–17 Uhr. Schon ein Blick ins Schaufenster der Konditorei verrät, dass es keinen Sinn macht, sich über etwaige Kalorien Gedanken zu machen: Das Wasser läuft einem ob der Köstlichkeiten automatisch im Mund zusammen.
- **82** [cj] **Lisas Café**, Skånegatan 68, U-Bahn Medborgarplatsen, Tel. 08 6403636, Mo.–Sa. 6.30–15 Uhr. Eines der gemütlichsten Cafés im Södermalm-Viertel.
- **83** [A1] **Mellqvist Bar**, Rörstrandsgatan 4, Vasastan, U-Bahn St. Eriksplan, Tel. 302380, tägl. ab 7 Uhr. Kleines und

EXTRATIPP

Dinner for one
Für hungrige Alleinreisende empfiehlt sich der Besuch von Pubs oder Restaurants **im mittleren Preissegment**. Dort wird man als Single-Esser nicht schief angeschaut und es geht oft lebhafter zu. Wenn gewünscht, kommt man in solchen Lokalen auch schneller in Kontakt mit anderen Gästen. Im Sjögräs (s. S. 32) oder auch im Kvarnen (s. S. 41) speist abends oft eine bunte Menschenmenge, manchmal ist es so voll – besonders an den Wochenenden –, dass man sich auch mal den Tisch teilen muss.

Kurze Pause im beliebten Café Chokladkoppen in Gamla Stan

Auf ins Vergnügen
Stockholm für Genießer

gemütliches Café in der angesagten Rörstrandsgatan.

⊖84 [E6] **Muggen,** Götgatan 24, U-Bahn Slussen, www.muggen.se, Tel. 08 6411415, Mo.-Fr. 8-23, Sa.-So. 10-22 Uhr. Uriges Café an der Flaniermeile Götgatan. Gut geeignet, um die flanierenden Stockholmer zu beobachten.

⊖85 [G3] **Musiksalongen Gabriel & Hilda,** Storgatan 44, U-Bahn Östermalmstorg, Tel. 08 6620035. Liebevoll eingerichtetes Café, auch mit Livemusik.

⊖86 [C2] **Nybergs Konditori,** Norrtullgatan 25, U-Bahn Odenplan, Tel. 08 321195, www.nybergskonditori.se, Mo.-Fr. 7.30-19 Uhr, Sa./So. 10-17 Uhr. Sehr gut für ein *fika* (Kaffeezeit) geeignet. Den Großteil des Angebots kann man auch mitnehmen.

⊖87 [F3] **Riddarbageriet,** Riddargatan 15, U-Bahn Östermalmstorg, Tel. 08 6603375, Mo.-Fr. 8-18, Sa. 9-15 Uhr. Ausgesprochen leckere Backwaren, durchwachsener Service.

⊖88 [B1] **Ritorno,** Odengatan 80-82, U-Bahn Odenplan, Tel. 08 320106, www.ritorno.se, Mo.-Do. 7-22, Fr. 7-20, Sa. 8-18, So. 10-18 Uhr. Das traditionsreiche Café Ritorno (seit 1934 an dieser Stelle) im Stadtteil Vasastan empfängt seine Gäste in tiefen Sofas und 1950er-Jahre-Interieur. Amüsant: Bei der Bestellung des Gebäcks reicht der Zeigefinger, heißen die Kuchenkreationen doch „dieser hier" *(den här)* oder „einen solchen" *(en sån där)*.

⊖89 [ei] **Rosendals Trädgård,** Rosendalsterrassen 12, Straßenbahnlinie 7, www.rosendalstradgard.se, Tel. 08 54581270, Mai-Sept. Mo.-Fr. 11-17, Sa./So. 11-18 Uhr, sonst eingeschränkte Öffnungszeiten. Das Café liegt etwas versteckt in einem Gewächshaus und ist ökologisch orientiert.

⊖90 [E3] **Sturekatten,** Riddargatan 4, U-Bahn Östermalmstorg, Tel. 08 6111612, www.sturekatten.se, Mo.-Fr. 9-19, Sa. 10-18, So. 11-18 Uhr. Das populäre Café liegt nahe der U-Bahn-Haltestelle Östermalmstorg entfernt, ausgesprochen nostalgisches Interieur.

⊖91 [A3] **Thelins Konditori,** Sankt Eriksgatan 43, U-Bahn Fridhemsplan, Tel. 08 6511900, www.thelinskonditori.se, Mo.-Do. 7-20, Fr. 7-19, Sa. 8-18, So. 9-18 Uhr Uhr. Traditionsreiche Konditorei, die sich dank ihrer Leckereien großer Beliebtheit erfreut.

⊖92 [A1] **Xoko,** Rörstrandsgatan 15, U-Bahn Sankt Eriksplan, Tel. 08 318487, www.xoko.se, Mo.-Fr. 7-19, Sa./So. 8-18 Uhr Uhr. Vielseitiges Café mit exzellentem Angebot von herzhaft bis süß.

Stockholm am Abend

Nachtleben

Stockholm ist die Hauptstadt – und das verpflichtet natürlich auch hinsichtlich eines attraktiven Nachtlebens. In beinahe allen Lokalitäten muss man an einem **Türsteher** vorbeikommen, teilweise muss Eintritt (ungefähr 60–200 Skr) gezahlt werden. Doch bevor es überhaupt so weit ist, wird die Geduld durch **lange Schlangen vor den Klubs** auf die Probe gestellt. Die Länge hängt dabei natürlich auch von der Popularität des jeweiligen Etablissements ab, doch bleiben letztendlich zwei Alternativen: Die längeren Wartezeiten geduldig in Kauf nehmen oder frühzeitig ins Nachtleben einsteigen.

Zudem ist man nicht nur der Willkür und den Argusaugen der Türsteher ausgesetzt, der Einlass hängt auch vom **Alter** ab: In der Regel kann man damit rechnen, mit 18 Jahren in die Klubs eingelassen zu werden, nicht selten wird diese Grenze aber auf 21 oder in Ausnahmen auch auf 25 Jahre hochgesetzt. Auf jeden Fall sollte man einen **„seriösen" und nüchternen Eindruck** machen! Besonders zu beachten ist dabei, dass junge Schweden sich gerne **fein herausputzen und zurechtmachen**, nicht überall kommt man folglich mit Jeans und Turnschuhen hinein.

In vielen Nachtklubs besteht neben dem Getränkekonsum eine weitere – eher ungewohnte – Möglichkeit, sein Geld unter das Volk zu bringen: **Roulette und Black Jack** sind beliebte Nebenschauplätze zum Amüsement und zur Zerstreuung.

Was in Deutschland weiterhin ein Politikum ist, ist in Schweden mittlerweile Normalität: Das **Rauchen in**

△ *Die glitzernde Werbewelt am Medborgarplatsen [E7] in Södermalm*

Bars und Gaststätten ist verboten, wirkliche Strafen drohen allerdings auch nicht. Es hat sich die Tradition eingebürgert, zum Rauchen nach draußen zu gehen mit dem Nebeneffekt, sogleich mit anderen Rauchern ins Gespräch zu kommen. Das sogenannte „Smirting" (aus dem Englischen: smoking and flirting), wenn es auch der Gesundheit nicht unbedingt förderlich erscheint, eröffnet somit neue Wege der Kontaktanbahnung.

In vielen Bars besteht zudem die Möglichkeit, erstklassig zu speisen. Zugleich findet man in zahlreichen Restaurants eine üppige Getränkeauswahl. Die abschließende Zeche – auch kleinere Beträge oder einzelne Getränke – wird häufig mit der **Kreditkarte** beglichen.

Einige **zentrale Stationen des Nachtlebens** sind in Gamla Stan um den Järntorget [E5] und Kornhamnstorget sowie entlang der Stora Nygatan, in Norrmalm in den Seitenstraßen zwischen Sergels Torg und Birger Jarlsgatan, in Östermalm rund um den Stureplan und in Södermalm in der Götgatan [E6], am Medborgarplatsen [E7] und natürlich im berühmt-berüchtigten „Bermudadreieck" um die Skånegatan [F7].

Ein kleiner Wermutstropfen für ausdauernde Nachteulen: Lokale dürfen „nur" bis 5 Uhr morgens geöffnet haben, aber oft ist **bereits um 3 Uhr Zapfenstreich.**

Bars und Discos

> Berns €€€ (s. S. 30), Berzelii Park, U-Bahn Kungsträdgården, Tel. 08 56632200, www.berns.se, Mi./Do. 23–3 und Fr./Sa. 23–4.30 Uhr. Unter dem großen Kristallkronleuchter tanzen die urbanen Schönheiten und coolen Typen, bis es hell wird. Auf den Dresscode achten!

Smoker's Guide

Spätestens seit dem 1. Juni 2005 ist das Leben für Raucher auch in Schweden schwieriger geworden. An diesem Tag trat das **Rauchverbot in allen gastronomischen Lokalitäten** in Kraft. De facto darf man nach dem schwedischen Nichtraucherschutzgesetz weder in Restaurants, Kneipen, Cafés noch in Discos rauchen – die Einhaltung wird vehement kontrolliert. Einzige Ausnahme sind Biergärten oder Cafés unter freiem Himmel. Ansonsten müssen Raucher die Lokalität verlassen und sich im Freien die Zigarette anzünden. Und die Rahmenbedingungen für Raucher werden von Jahr zu Jahr härter. Inzwischen ist selbst das Rauchen an Bushaltestellen verboten und die Stadt Stockholm hat zum 1. Mai 2010 eine komplett „rauchfreie Arbeitszeit" eingeführt. Somit dürfen selbst städtische Gärtner im Park nicht mehr rauchen. Einzige Ausnahme stellt die Mittagspause dar, die rechtlich nicht als Arbeitszeit gilt.

94 [E4] **Café Opera,** Karl XIIs Torg, U-Bahn Kungsträgården, Tel. 08 6765807, www.cafeopera.se, Mi.–So. 22–3 Uhr, Eintritt 220 Skr, ab 23 Jahre. Dies ist mehr als nur ein Nachtklub, vor allem die Reichen und Schönen treffen sich in diesem legendären Etablissement.

95 [C3] **Casino Cosmopol,** Kungsgatan 65, U-Bahn T-Centralen, Tel. 08 7818800, www.casinocosmopol.se, tägl. 13–5 Uhr, Tageskarte 30 Skr oder Mitgliedskarte (ein Jahr gültig) für 100 Skr, ab 20 Jahre. Tischspiele und Spielautomaten.

96 [bg] **Cliff Barnes,** Norrtullsgatan 45, U-Bahn Odenplan, Tel. 08 318070, www.cliff.se. Einladende Kneipe, mittags auch mit *dagens rätt* (Tagesgericht) und

Auf ins Vergnügen
Stockholm am Abend

Sitzgelegenheiten im Freien. Donnerstags spielen House-DJs auf.

97 [G3] **Elverket,** Linnégatan 69, U-Bahn Karlaplan, Tel. 08 6612562, www.brasserieelverket.se, Mo.–Mi. 11–23 Uhr, Do.–Sa. 11–24 Uhr. Veranstaltungen, Restaurant, Sa./So. Brunch.

98 [E5] **Engelen/Kolingen,** Kornhamnstorg 59b, U-Bahn Gamla Stan, Tel. 08 201092, www.engelen.se, tägl. 16–3 Uhr, Eintritt unter der Woche 80 Skr, am Wochenende 120 Skr. Eher für Gäste ab 30 Jahre aufwärts. Nachtklub mit Livemusik auf verschiedenen Ebenen: Restaurant und Bar im Engelen, Nachtklub im Kolingen.

99 [C3] **Fasching,** Kungsgatan 63, U-Bahn T-Centralen, Tel. 08 200066, www.fasching.se, Eintritt bis 300 Skr. In dem erstklassigen Jazzklub finden viele Konzerte statt, am Wochenende auch Soul und Disco.

Allen Vorurteilen zum Trotz lässt die Stockholmer Spirituosenausstattung nichts zu wünschen übrig

100 [E7] **5emtio 4yra,** Götgatan 54, U-Bahn Medborgarplatsen, Tel. 08 6430054, www.bar54.se, Mo.–Do. 17–3 Uhr, Fr. 16–3, Sa./So. 12–3 Uhr. Gute Bar und Disco mit Spieltischen, im Außenbereich zum Platz hin manchmal Liveauftritte. Die halbkreisförmigen Stufen zwischen Bar und Sitzbereich sind nicht rollstuhlgerecht.

101 [E7] **Fenix,** Götgatan 40, U-Bahn Medborgarplatsen oder Slussen, Tel. 08 6404506, www.fenixbar.se, Mo.–Fr. 11–1 Uhr, Sa./So. 12–1 Uhr. Wer den Nachmittag in dieser eleganten Bar beginnt, beendet vielleicht auch die Nacht dort.

102 [E2] **Glenn Miller Café,** Brunnsgatan 21a, U-Bahn Hötorget, Tel. 08 100322, www.glennmillercafe.com, Mo.–Do. 11–1, Fr. 11–2, Sa. 17–2, So. 17–1 (nur bei Konzerten, sonst So. geschlossen). Für den hier gebotenen sehr guten Jazz ist der stimmungsvolle Klub leider häufig viel zu klein.

103 [E7] **Gröne Jagaren,** Götgatan 64, U-Bahn Medborgarplatsen, Tel. 08 6409600, www.gronejagaren.com, tägl. 11–1 Uhr. Für die, die auch im

Auf ins Vergnügen
Stockholm am Abend

Urlaub nicht auf ihre 56 Kräuter (sprich Jägermeister) verzichten möchten. Häufig Karaoke, teilweise geht es hier recht hemdsärmelig zu.

104 [C1] **Hard Rock Cafe,** Sveavägen 75, U-Bahn Rådmansgatan, Tel. 08 54549400, www.sthlm.hardrock.se, Mo.–So. 11.30–24 bzw. bis 1 Uhr am Wochenende. Die unvermeidliche Hauptstadtfiliale für die, die gerne wissen, was sie erwartet.

105 [cj] **Himlen,** Götgatan 78, U-Bahn Medborgarplatsen, Tel. 08 6606068, www.restauranghimlen.se, Mo. 11.30–24, Di.–Do. 11.30–1, Fr.11.30–3, Sa. 12–3 Uhr. Viel näher kann man dem Himmel in Stockholm nicht kommen: in über 100 m Höhe logiert dieses edle Etablissement, das sowohl über ein Restaurant als auch eine angeschlossene Bar verfügt. Der einmalige Ausblick hat jedoch seinen Preis!

106 [E7] **Högbergs,** Götgatan 33, U-Bahn Slussen, Tel. 08 6429515, Mo.–Do. 15–1, Fr.–So. 13–1 Uhr. Auf drei Etagen findet man alles, was den Abend bereichert: Ob *Dinner for two,* Fussballübertragung oder Tanzfieber – für jeden ist etwas dabei.

93 [C3] **Icebar,** Vasaplan 4 (im Foyer des Nordic Sea Hotels), U-Bahn T-Centralen, Tel. 08 50563520, www.icebar-stockholm.se, im Sommer (Mitte Mai bis Mitte September) tägl. 11.15–24 Uhr (Do.–Sa. bis 1 Uhr), im Winter So.–Do. 15.45–24 Uhr, Fr.–Sa. 15–1 Uhr. Die erste ganzjährige Eisbar der Welt steht in Stockholm. Bei konstant –5 °C wird dem Gast entsprechende Kälteschutzkleidung gereicht, die, ebenso wie ein Getränk, im Eintrittspreis von 180 Skr (bei Onlinebuchung, 195 Skr bei anderer Vorbuchung, ohne Anmeldung nur Fr./Sa. ab 21.45 Uhr für ebenfalls 195 Skr) enthalten ist.

107 [D2] **KGB Bar & Restaurant,** Malmskillnadsgatan 45, U-Bahn Hötorget, Tel. 08 209155, www.kgb.nu, Mo./

EXTRAINFO
Schwedisches Modebewusstsein

Im Allgemeinen kleiden sich die Schweden sehr leger, legen aber auch dabei mehr Augenmerk auf die Bekleidung, als es auf den ersten Blick scheinen mag. Was oft als Lässigkeit interpretiert wird, ist zumeist durchaus bewusst arrangiert und die wuschelige Frisur, die aussieht wie vor fünf Minuten aus dem Bett gefallen, ist Ergebnis akribischer Filigranarbeit vor dem heimischen Spiegel. Besonders an den Wochenenden, wenn es in die Epizentren des Stockholmer Nachtlebens geht, kleiden sich Stockholmer ausgesprochen schick. Um nicht aufzufallen bzw. um Einlass in die begehrten Etablissements zu erhalten, sollte man die ausgetretenen Turnschuhe und das „Abi 1996"-T-Shirt doch besser im Hotelzimmer lassen.

Di. 17–22, Mi./Do. 17–23, Fr.16–2, Sa. 17–2 Uhr, So. geschlossen. Der Laden ist berühmt für seinen berüchtigten „Klubb Kalashnikov" am Samstag, einem Musikmix von Osteuropäisch bis Indie. Restaurant mit altem Sowjet-Interieur, Rockbar und Liveauftritte, oft proppenvoll.

108 [E7] **Kvarnen,** Tjärhovsgatan 4, U-Bahn Medborgarplatsen, Tel. 08 6430380, www.kvarnen.com, Mo./Di. 11–24, Mi.–Fr. 11–3, Sa. 12–3, So. 12–24 Uhr. Restaurant mit einem der angesagtesten Klubs der Stadt.

109 [D6] **Marie Laveau,** Hornsgatan 66, U-Bahn Mariatorget, Tel. 08 6688500, www.marielaveau.se, Mo./Di. 17–23, Mi.–Fr. 17–3, Sa. 12–3, So. 12–23 Uhr. Von rockig bis elektronisch, teilweise Liveauftritte, aber auch mit Restaurantbetrieb.

110 [E5] **Medusa,** Kornhamnstorg 61, U-Bahn Gamla Stan, Tel. 08 218700,

Auf ins Vergnügen
Stockholm am Abend

> **Gastro- und Nightlife-Areale**
> Bläulich hervorgehobene Bereiche in den Karten kennzeichnen Gebiete mit einem dichten Angebot an Restaurants, Bars, Klubs, Discos etc.

www.medusabar.com, tägl. So./Mo. 20–3, Di.–Sa. 17–3 Uhr, am Wochenende freier Eintritt vor 23 Uhr, danach 60 Skr. Freunde der (hard-)rockigen Töne kommen hier – speziell freitags und samstags – zu ihrem Recht.

111 [E6] **Södra Teatern,** Mosebacke Torg 1, U-Bahn Slussen, Tel. 08 55609890, www.sodrateatern.com, Mo.–Do. 11–1, Fr./Sa. 11–2, So. 11–1 Uhr. Unterhaltung aller Art mit Terrasse und toller Aussicht hoch über Södermalm, vormittags am Wochenende Jazzbrunch ab 11 Uhr.

112 [E2] **Nalen,** Regeringsgatan 74, U-Bahn Östermalmstorg, Tel. 08 50529200, www.nalen.com. Vieles unter einem Dach: Livemusik, Rock, Pop, Jazz und die gefährliche Tequila-Bar!

113 [E7] **Östgötakällaren,** Östgötagatan 41, U-Bahn Medborgarplatsen, Tel. 08 6432240, www.ostgotakallaren.se, tägl. 17–1 Uhr. Jever vom Fass in rustikalem Interieur. Im gleichen Gebäude befindet sich auch die „Vampire Lounge": Einfach runter in den Keller gehen und in den „Katakomben" Mixgetränke mit Vampirnamen bestellen. Am Montagabend Happy Hour.

114 [E3] **Riche,** Birger Jarlsgatan 4, U-Bahn Östermalmstorg, Tel. 08 54503560, www.riche.se, Mo. 7.30–24, Di.–Fr. 7.30–2, Sa. 12–2, So. 12–24 Uhr. Eine wahre Institution im Stockholmer Nachtleben, in der auch vorzüglich gespeist werden kann. In der „Lilla Baren" (kleine Bar), die größer ist, als ihr Name vermuten lässt, trifft sich die gut gekleidete Werbe- und Medienszene der Stadt – oft auch als Sprungbrett zum „richtigen" Nachtleben.

115 [E2] **Golden Hits,** Kungsgatan 29, U-Bahn Hötorget, Tel. 08 50556000, www.goldenhits.se, Di. bis 24, Mi.–Do. bis 2, Fr./Sa. bis 3 Uhr, Eintritt 120 Skr, am Wochenende 150 Skr, ab 25 Jahre. Häufig Schlager und Shows, auch etwas für Nostalgiker.

116 [E7] **Snaps,** Götgatan 48, U-Bahn Medborgarplatsen, Tel. 08 6402868, www.snapsbar.se, Mo. 11–14.30, Di. 11–14.30 u. 17–23 Uhr, Mi.–Sa. 11–14.30 u. 17–3 Uhr. Meist überfüllte, weil gute Gastronomie. Draußen sitzt man am Medborgarplatsen, zu später Stunde wird drinnen abgefeiert.

117 [E2] **Spy Bar,** Birger Jarlsgatan 20, U-Bahn Östermalmstorg, Tel. 08 54507600, www.sturecompagniet.se, Mi.–Sa. 23–5 Uhr, Eintritt 120–160 Skr, mittwochs/donnerstags vor Mitternacht gratis Eintritt. Zentraler geht es kaum: Direkt am Stureplan liegt auf drei Etagen die vielleicht erste Adresse im Nachtleben der Hauptstadt, hier tanzen auch schon mal die Königstöchter ab. Wenn man es an den jeden kritisch beäugenden Türstehern vorbei schafft, muss man mit happigen Getränkepreisen rechnen.

118 [E5] **Stampen,** Stora Nygatan 5, U-Bahn Gamla Stan, Tel. 08 205793, www.stampen.se, Mo.–Do. 17–1, Fr./Sa. 20–2 Uhr. Der gut besuchte und „world famous" (so die Eigenwerbung) Jazzpub zieht auch nicht mehr ganz junge Gäste an.

119 [D1] **Storstad,** Odengatan 41, U-Bahn Rädmansgatan, www.storstad.se, Tel. 08 6733800, Mo.–Do. 16–1, Fr./Sa. 16–3 Uhr. Belebte und beliebte Bar mit exzellenter Küche.

120 [E2] **Sturecompagniet,** Sturegatan 4, U-Bahn Östermalmstorg, Tel. 073 4486630, www.sturecompagniet.se, Do.–Sa. 22–3 Uhr. Edler Treffpunkt der Nachtschwärmer auf zwei Etagen.

Auf ins Vergnügen
Stockholm am Abend

❶ **121** [C1] **Tranan,** Odenplan/Karlbergsvägen 14, U-Bahn Odenplan, Tel. 08 52728100, www.tranan.se, Restaurant wochentags ab 11.30, am Wochenende ab 12 Uhr, Bar Mo.–Sa. 17–1, So. bis 23 Uhr. Bevor man am späten Abend die Musik genießt, kann eine Etage höher noch wunderbar gespeist werden.

❷ **122** [F4] **Wallmanns Salonger,** Teatergatan 3, U-Bahn Kungsträdgården, Tel. 08 50556000, www.wallmans.com, Restaurant Mi./Do. 18.30–1 Uhr, Fr./Sa. 18.30–2 Uhr. Ebenfalls eine Institution der Stadt, häufig Shows und Konzerte, anschließend Nachtklub (bis 2 Uhr).

Theater und Konzerte

Die Stockholmer Theaterlandschaft weist angeblich **eine der höchsten Theaterdichten weltweit** auf und sucht daher ihresgleichen. Von Musicals über Puppen-, Improvisations- und Tanztheater bis zum Königlich Dramatischen Theater (Kungliga Dramatiska Teatern) reicht hier das Spektrum. An dieser Stelle kann nur eine – sicherlich subjektive – Liste der interessantesten, bedeutendsten oder beachtenswertesten Bühnen der Stadt präsentiert werden.

Größtes Hindernis wird wohl die mögliche **Sprachbarriere** sein. Ist diese erst einmal überwunden oder wird sie der Einfachheit halber ignoriert, sind dem unbeschränkten Theatergenuss keine Grenzen mehr gesetzt.

› **Eintrittskarten** gibt es an den Abendkassen, den Vorverkaufsstellen, über **Ticnet**, www.ticnet.se, Tel. 0771 707070, oder über www.eventim.se, Tel. 0771 65100.

▷ *Goldene Zeiten für Theaterfans im Königlich Dramatischen Theater (s. S. 44)*

❶ **123** [E3] **China Teatern,** Berzelii Park 9, U-Bahn Kungsträdgården, Tel. 08 56289200, www.chinateatern.se. Das Theater gehört zum Gesamtensemble von Berns (s. S. 30). Hier werden Aufführungen unterschiedlicher Couleur präsentiert.

❶ **124** [H5] **Cirkus,** Djurgårdslätten 43–45, Bus 44/Straßenbahnlinie 7, Tel. 08 6601020, www.cirkus.se. Hauptsächlich Veranstaltungsort für Musicals und andere Musikshows.

❶ **125** [C2] **Dansens Hus,** Barnhusgatan 12–14, U-Bahn T-Centralen oder Hötorget, www.dansenshus.se, Tel. 08 50899090. Der richtige Ort, um moderne Tanzchoreografien zu erleben.

❶ **126** [B6] **Dockteatern Tittut,** Lundagatan 33, U-Bahn Zinkensdamm, Tel. 08 7207599, www.dockteatern-tittut.com. Das Puppentheater begeistert nicht nur seine zahlreichen jungen Gäste, auch Ältere kommen auf ihre Kosten.

❶ **127 Drottningholms Slottsteater,** Drottningholm, Lovön, Tel. 08 6608225, www.dtm.se. In der einzigartigen Umgebung des Schlossparks werden Opern- und Ballettaufführungen dargeboten.

Auf ins Vergnügen
Stockholm am Abend

128 [C6] **Folkoperan,** Hornsgatan 72, U-Bahn Mariatorget, Tel. 08 6160700, www.folkoperan.se. Im kulturellen Herzen Södermalms gelegen, werden hier hauptsächlich moderne Versionen klassischer Opern aufgeführt.

129 [E4] **Hamburger Börs,** Jakobsgatan 6, U-Bahn Kungsträdgården, Tel. 08 7878500, www.hamburgerbors.se. Showbühne mit kunterbuntem Programm.

130 [D3] **Konserthuset,** Hötorget 8, U-Bahn Hötorget, Tel. 08 7860200, 08 50667788 (Konzertkasse), www.konserthuset.se. Das Konserthuset ist die Topadresse Stockholms für klassische Musik und die Heimstätte der Königlich-Philharmonischen Orchesters Stockholm.

131 [F3] **Kungliga Dramatiska Teatern,** Nybroplan, U-Bahn Östermalmstorg, Tel. 08 6670680, www.dramaten.se. Das Dramaten ist der herausragende, strahlende Stern und das Aushängeschild der Stockholmer Theaterlandschaft. Der Schwerpunkt liegt auf auf klassischen Stücken.

15 [E4] **Königliche Oper,** Gustav Adolfs Torg, U-Bahn Kungsträdgården, Tel. 08 7914400, www.operan.se. Seit sie ihre Pforten 1782 für Gäste öffnete, gilt die Königliche Oper als erste Adresse in Schweden. Neben den künstlerischen Aufführungen beeindruckt das Gebäude an sich.

132 [F4] **Moderna Dansteatern,** Slupskjulsvägen 32, Skeppsholmen, Bus 65, Tel. 08 6111456, www.mdtsthlm.se. Die etwas kleinere Bühne bietet Platz für Experimente und Modernes.

133 [C1] **Odenteatern,** Västmannagatan 56, U-Bahn Odenplan, Tel. 08 326090, www.odenteatern.se. Ein junges, erfrischendes Theater in Vasastan.

134 [C3] **Oscarsteatern,** Kungsgatan 63, U-Bahn T-Centralen, Tel. 08 205000, www.oscarsteatern.se. Eine der beliebtesten Musical- und Showbühnen Stockholms.

135 [A1] **Pantomimteatern,** Sankt Eriksgatan 84, U-Bahn Sankt Eriksplan, Tel. 08 315464, www.pantomimteatern.se. Wenn die Pantomimencrew nicht gerade durchs Land tourt, versuchen die Künstler in ihrem Theater „Påfågeln", zu Deutsch „Pfauentheater", hauptsächlich Kinder und Jugendliche für diese atemberaubende Kunst zu gewinnen – zumeist mit großem Erfolg.

136 [E6] **Södra Teatern,** Mosebacke Torg 1-3, U-Bahn Slussen, Tel. 08 53199490, www.sodrateatern.com. Eines der traditionsreichsten, etabliertesten Häuser der Stadt. Viele unterschiedliche Künstler treten im Södra auf, von „Einstürzende Neubauten" bis hin zu Arabischen Tanzensembles.

137 [D3] **Stadsteatern,** Sergels Torg, U-Bahn T-Centralen, Tel. 08 50620200, www.stadsteatern.stockholm.se. Das am Kulturhuset gelegene Theater überrascht immer wieder mit erfrischenden Stücken. Im Sommer glänzt es mit seinen abwechslungsreichen Parktheateraufführungen.

138 [C2] **Strindbergs Intima Teater,** Barnhusgatan 20, U-Bahn Hötorget, www.strindbergsintimateater.se, Tel. 08 200843. Das Haustheater der schwedischen Dramatiker-Ikone Strindberg, in dem bis auf wenige Ausnahmen ausschließlich dessen Stücke aufgeführt werden.

139 [dj] **Teater Bambino,** Tegelviksgatan 22, Bus 2/66/55, Tel. 08 6410018, www.teaterbambino.com. Theater für die Kleinen, direkt im Spielzeugmuseum (Leksaksmuseet, s. S. 117) gelegen.

140 [B1] **Teater Giljotin,** Torsgatan 41, U-Bahn Sankt Eriksplan, Tel. 070 6415822, www.teatergiljotin.com. Die kleine Bühne begeistert immer wieder mit ihrem abwechslungsreichen und oft gesellschaftskritischen Repertoire.

Auf ins Vergnügen 45
Stockholm für Kunst- und Museumsfreunde

Stockholm für Kunst- und Museumsfreunde

Stockholm kann sich mit vielen schönen Museen schmücken und man würde dieser Museumslandschaft nicht gerecht werden, wenn man sie nur als eine Alternative bei möglichem schlechtem Wetter einplanen würde.

Für die meisten Museen gilt: Montags bleiben die Türen für Besucher geschlossen. Kommt man in den Genuss von **ermäßigtem Eintritt** (angegeben werden im Folgenden immer die Eintrittspreise für Erwachsene), so sollte man ungefähr die Hälfte des normalen Preises einkalkulieren. Für Kinder und Jugendliche ist der Eintritt häufig auch frei. Und viele Museen bieten zumindest an einem Tag für wenige Stunden kurz vor Einlassende kostenlosen Eintritt an.

Die Sprache sollte keine zu große Barriere sein, sind doch die meisten **Erklärungen auf Englisch** gehalten und teilweise auch auf Deutsch. Auf alle Fälle sollte man am Eingang nach **Prospekten oder Begleitmaterialien** fragen. Je bedeutender das Museum ist, desto wahrscheinlicher ist es, dass **Führungen** auf Englisch oder Deutsch angeboten werden.

Zudem sind die Stockholmer Museen ein Spiegelbild der viel zitierten schwedischen **Kinderfreundlichkeit**. Spezielle Kinderräume, interaktive Medien oder eigene Kinderführungen gehören zum fast selbstverständlichen Angebot.

141 [H5] **ABBA – The Museum and Swedish Hall of Fame,** Djurgårdsvägen 68, Bus Nr. 44/Straßenbahnlinie 7 oder direkt mit der Fähre von Nybrokajen oder Slussen, www.abbathemuseum.com, Sa.–Di. 10–17 Uhr, Mi.–Fr. 12–20 Uhr, 195 Skr, 6–15 Jahre 145 Skr, Bezahlung nur bargeldlos möglich! Echte ABBA-Fans sind wahrscheinlich nicht mehr

Die kunstvolle Architektur des Vasa-Museums 24 ist schon eine Attraktion für sich

Auf ins Vergnügen
Stockholm für Kunst- und Museumsfreunde

> Museen, die mit einer magentafarbenen Nummer (**26**) als Hauptsehenswürdigkeit ausgewiesen sind, werden im Kapitel „Stockholm entdecken" ausführlich beschrieben. Dort finden sich auch alle praktischen Informationen wie Adresse, Öffnungszeiten usw.

aus den Hallen herauszubekommen und auch „normale" Musikfans werden dort ihre Freude haben: Etwa wenn man mit Playback auf der Bühne steht oder mit Tränen in den Augen noch einmal die schillernden Kostüme bewundern darf. Zugleich gibt es noch eine kleine, aber interessante Abteilung zur schwedischen Musikgeschichte.

26 [G5] **Aquaria Vattenmuseum,** www.aquaria.se, Falkenbergsgatan 2, Tel. 010 708700, Djurgården, Bus Nr. 44 oder mit der Fähre von Nybroviken oder Slussen. Mitte Juni–Aug. tgl. 10–18, Sept.–Mitte Juni Di.–So. 10–16.30 Uhr, Eintritt 90 Skr. Überraschende und spannende Einblicke in die heimische Ostsee-Wasserwelt und die Fauna und Flora tropischer Gewässer.

142 [G5] **Arkitektur- och designcentrum,** Skeppsholmen, U-Bahn Kungsträdgården, Tel. 58727000, www.arkdes.se, Di. 10–20 Uhr, Mi.–So. 10–18 Uhr, Eintritt 60 Skr, bis 18 Jahre Eintritt frei, Kombiticket mit dem Moderna Museet 160 Skr. Durch den Eingangsbereich zum Moderna Museet zu erreichen. Hier werden Meilensteine der (schwedischen) Architektur dargestellt.

143 [F5] **Bergrummet,** www.varldskulturmuseerna.se, Svensksundsvägen 5, Kungsträdgården, Tel. 070 6148651, tägl. 10–20 Uhr, 150 Skr, frei bis 18 Jahre. In dem ehemals militärisch genutzten Tunnelsystem werden nun wechselnde Ausstellungen präsentiert. Daher variieren Öffnungszeiten und Eintrittspreise je nach Ausstellung zum Teil deutlich.

144 [B2] **Bonniers Konsthall,** Torsgatan 19, Normalm, U-Bahn Sankt Eriksplan, Tel. 7364248, www.bonnierskonsthall.se, Mi.–Fr. 12–19 Uhr, Sa./So. 11–17 Uhr, 80 Skr. Eines der maßgeblichen Museen für moderne Kunst in Schweden. Leider im Sommer gelegentlich wegen der Ausstellungswechsel geschlossen.

145 [F6] **Fotografiska Museet,** Stora Tullhuset Stadsgårdshamnen 22, Södermalm, U-Bahn Slussen, Tel. 50900500, www.fotografiska.eu, tägl. 10–21 Uhr, Eintritt: 120 Skr, ermäßigt 90 Skr, bis 12 Jahre frei. Das 2010 eröffnete Museum für Fotografie versteht sich als internationaler Sammelplatz für die Kunst der Fotografie und besticht durch exzellente und außergewöhnliche Ausstellungen.

146 [G3] **Historiska Museet,** Narvavägen 13–17, Östermalm, U-Bahn Karlaplan, Tel. 51955600, www.historiska.se, Mai–Aug. tägl. 10–17 Uhr, Sept.–April Di.–So. 11–17 Uhr, Mi. bis 20 Uhr, Eintritt: 80 Skr, ermäßigt 60 Skr, bis 18 Jahre und freitags freier Eintritt. Das Historische Museum stellt hauptsächlich die schwedische Geschichte in der Zeit der Wikinger dar. Herausragend ist sicherlich die „Goldkammer" mit ihren Schätzen.

3 [E4] **Kungliga Slottet.** Das königliche Stadtschloss wird zwar tatsächlich noch von den Bernadottes genutzt, weist mit dem Museum Tre Kronor, der Schatzkammer oder einzelnen Repräsentationsräumen aber wundervolle Ziele vor.

2 [E4] **Mittelaltermuseum.** Eigentlich sollte an dieser Stelle ein Parkhaus für den nahen Reichstag entstehen, man fand aber historische Überreste des mittelalterlichen Stockholm und änderte glücklicherweise die Pläne. Entstanden ist ein wunderschönes Museum in einmaliger Lage.

147 [F5] **Moderna Museet,** Skeppsholmen, U-Bahn Kungsträdgården, Tel.

Auf ins Vergnügen
Stockholm für Kunst- und Museumsfreunde

52023500, www.modernamuseet.se, Di.–So. 10–18 Uhr, Di u. Fr. bis 20 Uhr, Eintritt: 120 Skr, erm. 100 Skr, bis 18 Jahre freier Eintritt. In dem gelungenen Neubau mit Blick auf Djurgården und Östermalm genießt man moderne Kunst wie Plastiken, Videoinstallationen oder Gemälde. Zudem befindet sich dort ein wunderschönes Café.

148 [F4] **Nationalmuseum,** Södra Blasieholmshamn, Norrmalm, U-Bahn Kungsträdgården, www.nationalmuseum.se, Tel. 51954300. Dieses Kunstmuseum ist eines der prächtigsten in ganz Schweden. Es beherbergt umfangreiche Gemäldesammlungen aus dem In- und Ausland des 17. bis 19. Jahrhunderts, Designgegenstände, Skulpturen, Zeichnungen und Grafiken. Das spektakuläre Museumsgebäude am Strömkajen wird **aufwendig renoviert** und kann daher **bis voraussichtlich 2017 keine Ausstellungen** beherbergen. Das Ausweichquartier mit ebenfalls fesselnden Wechselausstellungen befindet sich in der Konstakademien:

149 [D4] **Nationalmuseum@Konstakademien,** www.nationalmuseum.se, Fredsgatan 12, U-Bahn T-Centralen, tägl. 10–18 Uhr, Di. u. Do. bis 20 Uhr, Eintritt 100 Skr, ermäßigt 80 Skr, frei bis 21 Jahre

150 [cf] **Naturhistoriska Riksmuseet,** Frescativägen 40, Norra Djurgården, U-Bahn Universitetet, Tel. 51954040, www.nrm.se, Di.–Fr. 10–18 Uhr, Sa./So. 11–18 Uhr (im Sommer auch Mo. 10–18 Uhr), Eintritt: 100 Skr, bis 18 Jahre Eintritt frei. Das Museum blickt zurück auf 4,5 Milliarden Jahre Erdgeschichte. Begeisternd und interessant für alle Altersstufen mit packenden Ausstellungen und vielen Dingen zum Mitmachen und Ausprobieren. Auge in Auge mit Dinosauriern oder mit den gewaltigen Ausmaßen einer Seekuh konfrontiert, besinnt man sich wieder der Vielfalt der Natur. In den Komplex integriert wurde Cosmonova, das erste IMAX-Kino des Landes mit einer Leinwand von gewaltigen Ausmaßen. Infos über das Programm im IMAX-Kino Cosmonova unter Tel. 08 51955130.

151 [F4] **Östasiatiska Museet,** Skeppsholmen, U-Bahn Kungsträdgården, www.varldskulturmuseerna.se, Tel. 51955750/70, Di. 11–20, Mi.–So. 11–17 Uhr, Eintritt: 100 Skr, bis 18 Jahre Eintritt frei. Das übersichtliche Museum präsentiert viele sehenswerte Fotografien und Ausstellungsstücke aus dem ostasiatischen Kontext.

28 [H5] **Skansen.** Skansen ist eines der größten Freilichtmuseen weltweit. Neben weitläufigen Flächen und historischen Gebäuden gibt es hier unter anderem einen auf die nordische Tierwelt spezialisierten Zoo. Besonders an den Wochenenden strömen Familien zu dieser Attraktion. Viele Sonderveranstaltungen.

29 [E6] **Stockholmer Stadtmuseum.** Zeitreise durch die bewegte Stadtgeschichte Stockholms seit 1252, dem Datum der legendären Gründung durch Birger Jarl. Regelmäßig Sonderausstellungen.

24 [G4] **Vasa-Museum.** Eines der Topmuseen Nordeuropas und eine der Hauptattraktionen der Stadt. Das imposante Schiff aus dem 17. Jh. samt Ausstellung und Museumsgebäude beeindruckt alle Altersstufen.

152 [G5] **Spritmuseum,** Djurgårdsvägen 38, Djurgården, Tram 7, Bus 44, www.spritmuseum.se, Juni–Aug. tgl. 10–18 Uhr, Di. bis 20 Uhr, Sept.–Mai tgl. 10–17 Uhr, Di. bis 20 Uhr, Eintritt 100 Skr, frei bis 12 Jahre. Informatives über die besondere Beziehung der Schweden zum Alkohol. Hier lernt man viel über Wein, Wodka, Punsch, *Glögg* (die schwedische Variante des Glühweins) oder auch Trinklieder. Einerseits gibt es Trinkproben, andererseits will das Museum über die Gefahren aufklären.

Stockholm zum Träumen und Entspannen

Sicherlich, Stockholm ist eine wunderschöne Stadt. Doch im Innenstadtbereich, egal ob Gamla Stan, Norrmalm oder Östermalm, trifft man fast immer auf große Menschenmengen und/oder intensiven Autoverkehr. Doch jenseits der städtischen und touristischen Epizentren gibt es Oasen – oder in Stockholm wohl passender: Inseln – in der oftmals urbanen Aktivität. Stockholms Stadtstruktur mit $\frac{1}{3}$ Bebauung, $\frac{1}{3}$ Parks und $\frac{1}{3}$ Wasser bietet viele Rückzugsmöglichkeiten.

Ein Aussichtsplatz von besonderer Güte ist der **Observatorielunden** im Stadtteil Vasastaden (U-Bahn Rådmansgatan), ein 42 m hoher, begrünter Hügel, auf dessen Spitze Stockholms historisches Observatorium ⑲ thront. Seit über 250 Jahren (erstmals im Jahr 1756) werden hier Klima- und Wetterbeobachtungen festgehalten – ein Weltrekord ununterbrochener Messungen an ein und demselben Platz. Mittlerweile beherbergt das Gebäude ein sehenswertes Museum. Vom Hügel aus hat man einen schönen Ausblick über die Stadt, insbesondere in östliche Richtung. Und warum nicht ein kleines Picknick veranstalten auf einer der Wiesen oder Bänke des Parks?

Eine wahre Perle unter den schönsten, romantischsten und malerischsten Plätzen Stockholms ist der nordwestliche Teil Södermalms: **Mariaberget** (U-Bahn Slussen oder Mariatorget). Ganz im Norden dieses Stadtteils, genau am Wasser des Riddarfjärden, liegt ein **traumhaft schöner Weg**, der nur zu Fuß zu erkunden werden kann. Ganz eng an die steilen Felsen Södermalms schmiegt sich

Auf ins Vergnügen
Stockholm zum Träumen und Entspannen

der **Monteliusvägen** [D6]. Zwanzig bis dreißig Meter über dem Meeresspiegel, treppauf, treppab, teilweise auf massiven Holzplanken, kann man ca. 500 Meter parallel zum Wasser spazieren gehen. Die Aussicht, egal ob bei Tage oder in der Nacht, ist fantastisch. Das Panorama reicht vom Stadshuset ❼ über die Inseln Riddarholmen und Gamla Stan bis hin zum verkehrsumtobten Slussen. Da der Monteliusvägen auf vielen Stadtplänen nicht eingezeichnet ist, sind dort auch nur relativ wenige Touristen anzutreffen. Er liegt zwischen der Torkel Knutssonsgatan und der Bellmansgatan, parallel zur Bastugatan direkt am Wasser.

Die **Djurgårdslinjen**, auch Straßenbahnlinie 7 genannt, verkehrt zwischen dem Norrmalmstorg im City-Zentrum und Waldemarsudde im Süden der **Insel Djurgården** (s. S. 89). Das Besondere an der Linie 7 sind die eingesetzten **historischen Straßenbahnwagen.** Bis auf wenige Ausnahmen werden nur Modelle aus dem Zeitraum 1900–1960 eingesetzt. Wie in einem Schwarz-Weiß-Film ruckelt man dann zum Beispiel im historischen Caféwagen durch die schöne Landschaft des vormaligen Jagdreviers der schwedischen Könige, die bis 1809 hier auf die Pirsch gingen.

Die Möglichkeiten der Freizeitgestaltung auf der Insel Djurgården sind fast grenzenlos. Unzählige Museen, der **Vergnügungspark Gröna Lund** ❷❼ oder das riesige **Freilichtmuseum Skansen** ❷❽ laden den neugierigen Besucher ein. Dass Djurgården eine der grünen Lungen der schwedischen Hauptstadt ist, erschließt sich dem Besucher umgehend. Lange Wanderwege, die kreuz und quer über die Insel mäandern, kleine Teiche und Wasserflächen machen die Insel zu einem echten Ruhepol.

Im Süden von Djurgården, ganz in der Nähe des Vergnügungsparks Gröna Lund, führt eine einfache Holzbrücke hinüber zu einer auf den ersten Blick unscheinbaren Insel: **Beckholmen** [H6]. Doch kaum hat man die Brücke überquert, eröffnet sich einem eine ganz neue Facette Stockholms jenseits von pittoresker und historischer Schönheit im klassischen Sinne. Zwischen Anlegern, Kränen und Werkstätten liegen drei riesige Docks, in denen Schiffe jeglicher Couleur repariert werden. Ein interessantes maritimes Umfeld, das man so nur selten zu Gesicht bekommt. Seit 2011 wird das gesamte Werftareal umfassend für ca. 20 Millionen Euro saniert. Im Fokus steht dabei der Austausch des Erdreiches, welches durch die über 100-jährige Werftgeschichte Beckholmens durch Schwermetalle stark belastet wurde. Nach dem Austausch von 100.000 Tonnen Erde soll das Areal im Frühling 2014 wieder für die Öffentlichkeit geöffnet werden und es gibt Pläne zur Errichtung eines Zentrums für maritime Kultur auf dem historisch bedeutsamen Inselchen.

Tief durchatmen, die Augen wandern und die Seele baumeln lassen kann man auf der Insel **Skeppsholmen** ❶❻ und ihrer benachbarten Schwesterinsel Kastellholmen. Bei minimalem Autoverkehr drängt sich ein ausgiebiger Spaziergang förmlich auf. An der Westseite Skeppsholmens ankert stolz seit Jahr und Tag der schneeweiße Dreimaster Af

◁ *Einer der schönsten Plätze zum Verschnaufen und Entspannen: der Kungsträdgården* ❶❹

Stockholm zum Träumen und Entspannen

> **EXTRATIPP**
>
> **Einmal kurz abschalten**
> Der **Kungliga Humlegården** [E2] – wortwörtlich übersetzt der „Königliche Hopfengarten" – ist ein nahezu perfekter Ort, um sich kurz einige Minuten Ruhe von der umtriebigen Innenstadt zu gönnen. Nur wenige Schritte vom belebten Stureplan entfernt, wo man sich mit Getränken und Leckereien eingedeckt hat, können hier höchstens einige Studenten, Besucher der nahen Königlichen Bibliothek oder andere Ruhebedürftige den puren Erholungsgenuss „stören".

Chapman, der seit 1949 als eine ganz besondere Jugendherberge dient und auch besichtigt werden kann (s. S. 126). Dass beide Inseln über Jahrhunderte von der schwedischen Marine in Beschlag genommen und militärisch genutzt wurden, lässt sich noch heute unschwer an der Architektur erkennen. Die ehemaligen Marinegebäude beherbergen heute diverse Museen und sind erstklassig renoviert worden. Im Herzen Skeppsholmens, neben dem ehemaligen Exerzierplatz, laden die bunten und skurrilen **Skulpturen von Niki de Saint Phalle** zum Träumen ein. Die östliche Seite der Insel steht ganz im Zeichen der modernen Freizeitnautiker: Boot an Boot und Schiff an Schiff liegen hier fest vertäut an hölzernen Kai. Mit Blick auf das Vasa-Museum ❷ am gegenüberliegenden Ufer kann man in einem kleinen, namenlosen Café einkehren und zu wirklich alternativen Preisen Kaffee und Kuchen genießen.

Über eine schmale Brücke ist Skeppsholmen an seiner Südspitze mit der alten Festungsinsel **Kastellholmen** verbunden. Hier erlebt man ländliche Idylle inmitten der Hauptstadt. Neben dem Pavillon des königlichen Ruder- und Schlittschuhklubs existieren hier nur wenige historische Wohnhäuser und Lagergebäude. Auf dem zentralen Hügel der Insel thront das **Kastell**, ein militärischer Zweckbau des 19. Jahrhunderts. Unterhalb des Kastells kann man auf den massiven Felsen ein Sonnenbad genießen, die ein- und auslaufenden Schiffe beobachten oder einfach mal nichts tun. Jedoch nicht erschrecken und vom Felsen stürzen: An besonderen nationalen oder militärischen Festtagen schießt die schwedische Flotte hier mit vier Kanonen ihren **traditionellen Salut** und demonstriert lautstark, dass sie noch existiert.

Die Insel **Riddarholmen** ❽, die von historischen Palästen, Herrscherhäusern und der Riddarholmkyrkan, der letzten Ruhestätte vieler schwedischer Monarchen, geprägt ist, bietet von ihrem westlichen Ufer aus eine **fantastische Aussicht** über das Wasser des Riddarfjärden. Dort reicht eine weitläufige Terrasse direkt bis ans Wasser: die **Evert-Taubes-Terrasse** [D5], benannt nach dem großen schwedischen Troubadour des 20. Jahrhunderts. Seit 1990 kann man direkt neben einer Bronzeskulptur Evert Taubes' den Blick über das Stadshuset, den angrenzenden Stadtteil Kungsholmen, die ehemalige Gefängnisinsel Långholmen und das schöne Södermalm schweifen lassen. Am Horizont schwingt sich die ästhetische Västerbron über den Riddarfjärden und historische Ausflugsdampfer machen sich auf den Weg zum Mälaren ...

Am Puls der Stadt

Das Antlitz der Metropole

Wenn am 10. Dezember eines jeden Jahres, dem Todestag Alfred Nobels, die Nobelpreise im Stockholmer Konzerthaus feierlich an ihre Preisträger verliehen werden, rückt die schwedische Hauptstadt in den Blickwinkel der Weltöffentlichkeit. Dabei ist dieses Klischee von „Stockholm als Stadt der Nobelpreise" ebenso richtig wie unvollständig oder einseitig. (Beispielsweise werden die Friedensnobelpreise bekanntlich in der norwegischen Hauptstadt Oslo verliehen.) Stockholm lässt sich nicht auf dieses eine Highlight reduzieren, vielmehr zeichnet sich die Stadt durch einen außerordentlichen Facettenreichtum aus.

Die auf **14 Inseln** am Ausgang des Mälarsees in die Ostsee gelegene Metropole hat sich in den letzten Jahren zu einer weltoffenen und eleganten Weltstadt entwickelt, jedoch zugleich einen gewissen „kleinstädtischen Charme" bewahrt.

Einerseits beherbergt der **Großraum Stockholm über 2,1 Mio. Einwohner** (davon ca. 890.000 in der Gemeinde Stockholm), was die Hauptstadt zur größten schwedischen Stadt macht. Andererseits weist die europäische Kulturhauptstadt von 1998 eine nahezu **einzigartige Stadtgeografie** auf – am eindrucksvollsten wird dies wohl bei der Ankunft per Flugzeug oder Schiff deutlich: Jeweils ein Drittel der Stadtfläche (insgesamt ca. 188 km²) besteht aus Grünflächen, Wasser und bebautem Gebiet. Somit kann man im unmittelbaren Citybereich schwimmen, angeln oder im Winter Schlittschuh laufen. Und wem das noch nicht genug ist: Egal in welcher Himmelsrichtung man die Stadt verlässt, innerhalb kürzester Zeit gelangt man in unberührte Natur. Kein Wunder also, dass sich der **weltweit erste städtische Nationalpark,** der 27 km² große Ekoparken, im Nordosten Stockholms von Djurgården bis nach Ulriksdal erstreckt.

Der von der Europäischen Kommission verliehene Titel der **„Europäischen Umwelthauptstadt 2010"** stellt nicht nur eine Belohnung dar, sondern ist zugleich Ansporn, weitere ökologische Anstrengungen zur Verbesserung der städtischen Lebensqualität in Angriff zu nehmen.

Bei der Ankunft in Arlanda, dem Hauptflughafen ca. 30 km nördlich

« *Vorseite: Im Winter friert der Riddarfjärden regelmäßig zu*

‹ *Ausblick vom Stadshuset* **17** *nach Riddarholmen* **8**

Am Puls der Stadt
Das Antlitz der Metropole

des eigentlichen Stadtzentrums gelegen, wird der Reisende von fast überdimensionalen Plakaten begrüßt: „Welcome to Stockholm, the capital of Scandinavia." Statt der sonst allgegenwärtigen schwedischen Zurückhaltung und Bescheidenheit legen die Stockholmer hier ein ausgeprägtes und ungekanntes Maß an Selbstvertrauen an den Tag: Nicht nur Hauptstadt Schwedens, sondern gleich ganz Skandinaviens will man sein. Auch wenn Dänen, Norweger oder Finnen wahrscheinlich widersprechen mögen, so zeigen sich hier bereits symbolisch die **herausragende Stellung Stockholms** und das **Selbstverständnis seiner Bewohner**. Außerhalb der Großstadtregion sind die „08er" (so genannt wegen der Telefonvorwahl Stockholms) bei ihren Landsleuten oft **als arrogant und überheblich verschrien**. Umgekehrt sieht der kosmopolitische Stockholmer außerhalb seiner Stadtgrenzen nur Landvolk, das in Wäldern haust. Von den Klischees, die jedoch immer auch ein Körnchen Wahrheit enthalten, zu den Fakten:

Die **Stockholmer Innenstadt** – Innerstaden – besteht aus **sechs Stadtteilen** (auch wenn die offizielle administrative Einteilung etwas davon abweicht). Im Westen befindet sich **Kungsholmen**, ein Stadtviertel mit Wohnbebauung und administrativen Strukturen wie dem Stadshuset (Rathaus) und dem Gros der schwedischen Printmedien, die hier ihre Hauptsitze haben. Im Nordosten schließt sich **Norrmalm** an. Der südliche Teil Norrmalms wird auch „Stockholm City" genannt, weil viele Banken und Versicherungen hier ihre Büros haben. Aber auch die Haupteinkaufsstraßen der Stadt sind in diesem Bereich zu finden und Geschäfte sowie Vergnügungsstätten bestimmen das Bild.

Östermalm bildet den nordöstlichen Teil der Innenstadt. Ehemalige Militäreinrichtungen (unter anderem das heutige Armeemuseum), die Diplomatstaden mit einer Vielzahl ausländischer Vertretungen und der Stureplan, heißes Zentrum des angesagten Stockholmer Nachtlebens, sind Charakteristika dieses ansonsten von Wohnhäusern dominierten Stadtteils. Die östliche Grenze der Innenstadt stellt **Djurgården** dar. Als vormaliges Jagdgebiet der schwedischen Royals ist es auch heute noch sehr grün und Standort des Natur- und Freilichtmuseums **Skansen**.

Im Gegensatz zur ansonsten relativ flachen Innenstadt hebt sich **Södermalm** (von Einheimischen nur kurz „Söder" genannt) deutlich ab. Teilweise fast 50 m über dem Meeresspiegel hat man von hier einen guten Ausblick auf den Rest der Stadt. Studentisches Milieu, Künstler und Intellektuelle suchen sich in Södermalm gerne ein Zuhause. Neben dem Stureplan bildet Söder das alternative Zentrum der Kneipen- und Gastroszene.

Die ursprüngliche Keimzelle der Stadt ist auch heute noch der geografische Mittelpunkt Stockholms: **Gamla Stan**, also die Altstadt, ist der touristische Magnet. Mittelalterliche Gebäude, verwinkelte Gassen, urige Geschäfte und gemütliche Cafés locken nicht nur ausländische Besucher, sondern auch schwedische Touristen an. Der Besuch Gamla Stans, der pittoresken Altstadt mit unübersehbaren Einflüssen der hanseatischen Kaufleute, ist einfach ein Muss!

Neben Einwohnerzahl und Fläche manifestiert sich die Bedeutung der Hauptstadt auch an politischen, wirt-

Am Puls der Stadt
Das Antlitz der Metropole

schaftlichen und kulturellen Parametern. **Politik** wird vor allen Dingen in Stockholm gemacht: Stockholm ist Sitz des schwedischen Parlaments, des Riksdag, der Regierung und aller ihr angeschlossenen Ministerien sowie des schwedischen Königshauses. Von A wie Albanien bis Z wie Zypern reicht die Liste der beinahe 100 Botschaften und Konsulate in Stockholm.

Neben modernen IT- und Elektronikfirmen wie Ericsson, IBM oder Electrolux dominiert das Banken- und Versicherungswesen – Stockholm ist Hauptsitz aller wichtigen schwedischen Banken – das ökonomische Leben der Hauptstadt. Insgesamt wird das **Wirtschaftsleben** durch den Dienstleistungssektor bestimmt, ca. 85 % der in Stockholm Beschäftigten arbeiten im Dienstleistungs- bzw. Servicebereich. Dank der nicht vorhandenen Schwerindustrie war und ist die schwedische Hauptstadt **eine der saubersten Metropolen der Welt**.

Im Stadtgebiet trifft man auf ein ausgesprochen **buntes und breit gefächertes Kulturangebot**. Mit rund 70 Bühnen verschiedenster Ausrichtung besitzt Stockholm beispielsweise eine der wohl höchsten Theaterdichten in Europa. Zusätzlich hat der Besucher die Qual der Wahl und muss sich zwischen **über 120 Museen** entscheiden: Neben dem weltberühmten Vasa-Museum ❷ eröffnen sich je nach Interessenslage viele weitere Möglichkeiten. Ob man im Diakoniemuseum (Ersta Diakonimuseum) in die Geschichte des schwedischen Gesundheits- und Sozialsystems eintauchen oder im Spritmuseum (s. S. 47) der Geschichte des Rausches auf den Grund gehen möchte – für jeden Geschmack ist etwas dabei. Mit einer Vielzahl an Konzertsälen, Veranstaltungshallen, Musikklubs und Jazzkneipen sowie den Theatern und Showbühnen der Stadt zementiert Stockholm seinen Ruf als kulturelles Zentrum Schwedens. Diese **Mischung aus Kultur, Historie, Unterhaltung, Erholung und aktiver Freizeitgestaltung** macht Stockholm zu einem der attraktivsten Reiseziele in Nordeuropa.

Da Schweden – ähnlich wie Deutschland – insgesamt eher arm an Bodenschätzen und natürlichen Ressourcen ist, spielen **Ausbildung und Know-How** der Einwohner eine umso wichtigere Rolle. Neben dem Karolinska Institutet, einer der weltweit führenden medizinischen Universitäten samt angeschlossener Universitätsklinik, haben noch 19 weitere Universitäten und Hochschulen ihren Sitz in Stockholm.

> *Die Altstadt mit dem Hotelschiff Mälardrottningen (s. S. 128) im abendlichen Sonnenschein*

Von den Anfängen bis zur Gegenwart

Die ersten urkundlichen Erwähnungen einer Siedlung im Gebiet des heutigen Stockholm datieren aus der Mitte des 13. Jahrhunderts. 1252 unterzeichnete Birger Jarl, Regent Schwedens seit 1250, einen Klosterschutzbrief mit den lateinischen Worten „Datum Holmensis" – gegeben in Stockholm. Aus der gleichen Zeit ist auch ein Dokument bewahrt, ein Handelsabkommen mit der Hansestadt Lübeck, das die Gründung einer Ansiedlung untermauert. Doch schon bevor Birger Jarl an dem Zusammenfluss von Mälarsee und Ostsee eine Siedlung gründete, standen an dieser Stelle militärische Wehranlagen, die mögliche Feinde am Eindringen in den Mälarsee und in das schwedische Binnenland hindern sollten.

Die **Namensherkunft** von „Stockholm" ist nicht eindeutig geklärt. Eine recht schlüssige Theorie beruft sich auf eine Absperrung des Wasserweges aus Pfählen oder Holzstämmen (auf Schwedisch: *stock*) und die entsprechende Benennung der angrenzenden Insel: Stockholmen – ungefähr das Gebiet der heutigen Gamla Stan.

Einwohnerzahl: unbekannt (um das Jahr 1300)

Als Handelsknotenpunkt und Warenumschlagplatz wuchs die junge Stadt rasant und gegen Ende des 13. Jahrhunderts wurde sie schon als bevölkerungsreichste Stadt Schwedens beschrieben.

Die **weitverzweigten Handelskontakte** prägen auch das Stadtbild. Stockholm war keinesfalls eine typisch schwedische Stadt, sondern eher ein **Schmelztiegel** mit Einwohnern aus Deutschland, Schweden

Am Puls der Stadt
Von den Anfängen bis zur Gegenwart

und Finnland, wobei die hanseatischen Kaufleute erfolgreich ihren ökonomischen Wohlstand in politische Macht umzusetzen wussten.

Einwohnerzahl: 5000–6000 (um das Jahr 1450)

Das „Tor zum Mälarsee" wuchs kontinuierlich – parallel zum Handel mit der Hanse – weiter. Die **deutschsprachigen Kaufleute dominierten die Stadt** und zwischenzeitlich existierte die Vorschrift, dass mindestens 50 % des Stadtrates von Deutschen besetzt sein musste. Auf den Straßen wurde kaum noch Schwedisch gesprochen, deutsche Dialekte bestimmten das akustische Bild und die Führungsschicht übernahm neben der Sprache auch deutsche Bräuche und Sitten.

Waren wie Eisen, Teer und Kupfer wurden exportiert, Salz aus Lüneburg, edle Stoffe, Gewürze und Kräuter wurden importiert. Viele der **kostbaren Importgüter** wie Zimt, Gewürznelken oder Vanille aus Destinationen wie China, Sansibar oder Kurdistan wurden bei der Kreation von Medizin und Heilmitteln verwandt. Je exotischer und unbekannter die teuren Bestandteile, umso wirkungsvoller musste ja die Wirkung sein …

Und wirkungsvolle Medizin tat damals Not. Die kleine Insel Stadsholmen war sehr eng bebaut und die hygienischen Zustände waren katastrophal. Ein Abwassersystem gab es nicht. Fäkalien und Abfälle wurden einfach in den engen, matschigen Gassen entsorgt. Diese mangelnde Hygiene führte immer wieder zu Ausbrüchen von **Seuchen und Epidemien** wie Cholera oder Pest.

Einwohnerzahl: 7000–8000 (um das Jahr 1500)

Wirtschaftlich konnte Stockholm im 16. Jahrhundert seine nationale Führungsrolle festigen, der Handel mit der Hanse wurde ausgebaut. Die politischen Ereignisse überlagerten jedoch diese Phase der Prosperität. Die **Truppen Gustav Vasas besiegten die Dänen** und vertrieben sie aus Schweden. Der neue Regent zog 1523 hoch zu Ross in seine Hauptstadt ein. Er schloss sich der Reformation an und stellte sich somit gegen die herrschende Kirche. Der Kampf zwischen weltlicher und geistlicher Macht prägte insbesondere die erste Hälfte des 16. Jahrhunderts, aus dem die säkularen Kräfte des Königs als Sieger hervorgingen.

Einwohnerzahl: 10.000 (um das Jahr 1600)

Durch einen **Großbrand 1625** wurde der Westen Gamla Stans weitgehend zerstört. Doch man nutzte die Gunst der Stunde, erstellte ein neues Straßennetz und die verwinkelten, kurvigen Gassen gehörten der Vergangenheit an. Ein neues, geradliniges Netz ersetzte das mittelalterliche Straßengewirr und eine Art **vorausschauende Stadtplanung** wurde angestoßen. Im neuen Stockholm liefen alle Straßen auf das Rathaus (heute befindet sich an der Stelle das Nobelmuseum) und den Königspalast Tre Kronor („Drei Kronen") zu. Der Großbrand von Tre Kronor 1697, der fast das gesamte Königsschloss verwüstete, sollte ein

▷ *Mittagspause zu Füßen König Gustavs III.*

Vorzeichen drohenden Unheils für die Zukunft von Stockholm und ganz Schweden in den folgenden Jahren werden. Mehr als 50 Jahre wartete die royale Familie auf den Bezug des neu errichteten Schlosses.

Einwohnerzahl: 40.000 (um das Jahr 1700)

Das neue Jahrhundert begann mit schlechten Ernten, Hunger und Elend. Außenpolitisch bestimmten militärische Niederlagen gegen das aufstrebende Russische Reich (1709, Schlacht bei Poltava) und schlussendlich der **Verlust der Großmachtstellung** nach dem Ende des Großen Nordischen Krieges (1721) mit dem Frieden von Nystad das Bild.

Erst in den 1720er-Jahren erholte sich die Stadt langsam von den Rückschlägen. Die Seefahrt und der Handel boomten wieder. Täglich legten Schiffe aus ganz Europa am Skeppsbrokai an, löschten ihre Ladung und füllten die Laderäume mit schwedischen Waren. Industrielle Fertigungsstätten schossen wie Pilze aus dem Boden – insbesondere die **Textilherstellung** entwickelte eine so immense Dynamik, dass Mitte des Jahrhunderts 800 Weber aus dem Ausland angeworben werden mussten, um die Produktion aufrechterhalten zu können.

Mit dem Ende der Großmachtzeit brachen sich auch andere gesellschaftliche Entwicklungen Bahn. Der **König verlor seine absolute und uneingeschränkte Macht** an den Adel, den Reichstag mit seinen vier Ständen und die neuen Verwaltungsinstitutionen. Eine **Freiheitswelle** zog durch das Land und machte auch vor Wissenschaft und Kultur nicht Halt. Die Schwedische Akademie und die Königliche Wissenschaftsakade-

mie, die heute für die Vergabe der Nobelpreise in Literatur und Physik/Chemie verantwortlich sind, wurden in Stockholm gegründet. Ihr Gründer war **König Gustav III.**, der ab dem Jahr 1771 die Position des Königs zu stärken wusste. Trotz seines absolutistischen Herrschaftsanspruches war er ein großer Freund der Künste und das Kulturleben blühte unter seiner Regentschaft auf. Ironie der Geschichte: 1792 ermordeten unzufriedene Adelige Gustav III. auf einem Maskenball in der von ihm selbst wenige Jahre zuvor geschaffenen Oper.

Einwohnerzahl: 75.000 (um das Jahr 1800)

Die erste Hälfte des 19. Jahrhunderts stand weder für Stockholm noch für Schweden unter einem guten Stern. Stadt und Land entwickelten sich kaum, Schweden lag unter einer Käseglocke der **Stagnation** und die neue Epoche der Industrialisierung, die von England ausgehend ganz West- und Zentraleuropa in Siebenmeilenstiefeln durchwanderte, schien den Norden einfach nicht zu erreichen.

Armut und Elend bestimmten das Stockholmer Stadtbild. Ein Drittel der Neugeborenen starb vor ihrem ersten Geburtstag – nur aufgrund des massiven Zuzugs der Landbevölkerung konnte die Stadt ein mäßiges Bevölkerungswachstum verzeichnen. Obwohl umgeben von Wasser, mangelte es doch an frischem Wasser: Aus den Kloaken und verdreckten Ufergewässern schöpfte man sein täglich Trinkwasser. Die aufgehäuften, sich zersetzenden Tierexkremente auf dem Kornhamnstorg im Süden von Stadsholmen waren im Winter oftmals die einzige Wärmequelle für die Ärmsten der Armen. So ist es wenig verwunderlich, dass 1834 eine **Choleraepidemie** ausbrach, die insbesondere in den dicht bebauten Armenvierteln wie z. B. Kungsholmen viele Opfer fand. Insgesamt starben über 3500 Menschen durch die Seuche, fast 5 % der Bevölkerung.

In der Mitte des 19. Jahrhunderts erreichte die Industrialisierung schließlich auch die europäische Peripherie und somit Schweden. Nächtliche Straßenbeleuchtung, von Pferden gezogene Straßenbahnen und Busse auf den neuen Prachtstraßen, Elektrifizierung, der Bau von Wasser- und Abwasserleitungen, ein kommunales Gesundheitssystem und ein modernes Telefonsystem sorgten dafür, dass Stockholm in der zweiten Hälfte des 19. Jahrhunderts zu einer modernen Großstadt europäischen Zuschnitts wurde.

Einwohnerzahl: 300.000 (im Jahr 1900)

Im April 1902 fand die erste erlaubte Massendemonstration statt: 40.000 Arbeiter marschierten durch Stockholm und die Polizei griff nicht ein. Nur wenige Jahre später konnten sich Sozialdemokraten und Liberale erstmals auf eine Mehrheit im Stadtrat *(stadsfullmäktige)* stützen und nach der ersten freien und allgemeinen Reichstagswahl 1921 stellten die Sozialisten die mit Abstand stärkste Fraktion im Reichstag. Als Per Albin Hansson 1932 zum *statsminister* (entspricht dem deutschen Bundeskanzler) gewählt wurde, stellte dies den **Beginn einer sozialdemokratischen Ära** dar, die mit nur drei kurzen Unterbrechungen bis 2006 andauern sollte.

Mit Beginn des **Zweiten Weltkriegs** und der kurz darauf folgenden deutschen Besetzung Dänemarks und Norwegens (Finnland war mit dem Dritten Reich verbündet) hatte sich ein Ring um Schweden geschlossen. Die schwedische Regierung konnte jedoch mit weitreichenden Zugeständnissen an Nazi-Deutschland eine **Besetzung des Landes verhindern**.

In dem **Fortschrittsglauben der 1950er- und 1960er-Jahre** schien alles möglich und die damaligen Pläne waren entsprechend dimensioniert. In Norrmalm entstand ein moderner Stadtkern für die aufstrebende Metropole Stockholm: Stockholm City. Fast die komplette Wohnbebauung

▷ *Gedenkstein für Raoul Wallenberg am Berzelii Park [E3]*

Am Puls der Stadt
Von den Anfängen bis zur Gegenwart

wurde abgerissen und stattdessen wurden Büro- und Verwaltungsgebäude errichtet. Breite Straßen für die wachsende Autoflut verließen die Zeichenbretter der verantwortlichen Architekten, während die Straßenbahnen verschwanden und einer weiteren Autospur geopfert wurden. Fußgängerzonen mit entsprechenden Einkaufsmöglichkeiten oder überdimensionierte Plätze wie der Sergels Torg hielten Einzug, sollten eine „menschliche" Komponente in das fortschrittliche Stadtbild bringen. Um die Angestellten zwischen Arbeitsplatz und Wohnort hin- und herzutransportieren, begann man mit dem Bau einer U-Bahn.

Eins schien jedoch vergessen worden zu sein: Abends war Stockholm City weitgehend entvölkert, niemand wohnte dort. In den späten 1960er-Jahren formierte sich erster Bürgerprotest gegen die **radikalen Umgestaltungspläne**. Doch zu dieser Zeit waren schon unverrückbare Tatsachen geschaffen worden. Die Stockholmer reagierten mit Galgenhumor. Auf die Frage ausländischer Touristen „Wer hat das Stockholmer Stadtzentrum so zerstört, waren es die Russen oder die Deutschen?" gab es die mit einem säuerlichen Grinsen garnierte Antwort: „Das waren wir selbst!"

Einwohnerzahl: 890.000 (heute)

Nach einer Phase der Stagnation, ja teilweise sogar des Rückgangs der Einwohnerzahlen wächst Stockholm in den letzten Jahren wieder massiv. Seit 1990 ist die Bevölkerung um ca. 220.000 Einwohner auf jetzt über 890.000 Menschen angewachsen. Aus der Stadtflucht wurde eine „**Stadtsucht**" und das Metropolenleben zieht Menschen aus ganz Schweden an. Doch nicht nur Schweden lieben ihre Hauptstadt, auch Menschen aus ganz Europa und dem Rest der Welt zieht es in die Stadt am Wasser. Stockholm entwickelt sich im 21. Jh.

zu einer kosmopolitischen Metropole von Weltrang.

Als **Verwaltungszentrum** des modernen Schwedens werden von Stockholm aus die Geschicke des Landes initiiert und administrativ organisiert. Allein in der Stadtverwaltung und den angegliederten Behörden arbeiten 49.000 Angestellte. So werden hier auch politische Entscheidungen getroffen, die man in diesem im Allgemeinen als liberal geltenden Land kaum erwartet hätte: Im Jahr 2008 wurde ein **Medien- und Kommunikationsgesetz** verabschiedet, das in Europa wohl seinesgleichen sucht. Auch ohne konkreten Strafverdacht oder richterliche Genehmigung gibt es umfassende Kontrollmöglichkeiten für E-Mail, Internet, SMS, Fax oder Telefonverbindungen ins Ausland. Die Daten werden bis zu 10 Jahre gespeichert. Vorsicht also, Vater Staat – in diesem Fall der Schwedische – hört mit. Als direkte Antwort auf diese „Big-Brother-Tendenzen" kann die Gründung der **Piratenpartei** im Jahr 2006 gesehen werden, die bei der Europawahl 2009 in Schweden auf über 7 % kam und somit im Brüsseler Parlament vertreten ist. Bei der Reichstagswahl im September 2010 gab es aber auch eine gegenläufige Bewegung: Die **rechtspopulistischen „Schwedendemokraten"**, die mit explizit ausländerfeindlichen Parolen auf Stimmenfang gehen, gewannen landesweit 5,7 % der Stimmen und zogen mit 20 Abgeordneten in das schwedische Parlament ein.

Neben kontroversen politischen Entscheidungen werden in der Hauptstadt aber auch Entscheidungen getroffen, die von Kiruna im hohen Norden bis Trelleborg an der schwedischen Südspitze auf uneingeschränkte Zustimmung stoßen: **Kronprinzessin Victoria** machte mit ihrer **Heirat im Sommer 2010** ihren ehemaligen Fitnesstrainer zu „Prinz Daniel von Schweden, Herzog von Västergotland" – und die ganze Welt schaute bei diesem romantischen Ereignis im TV zu. Und nur knapp zwei Jahre später konnte auch royaler Nachwuchs vermeldet werden: die kleine Prinzessin Estelle rückte 2012 – hinter ihrer Mutter – auf Platz zwei der Thronfolge.

Aber auch zauberhafte Königskinder können nicht über die Realitäten des 21. Jahrhunderts hinwegtäuschen. So wurde die Stockholmer Innenstadt am **11. Dezember 2010** Schauplatz eines **missglückten Terroranschlags**. Der Täter, ein 28-Jähriger aus dem Mittleren Osten, 1992 in Schweden eingebürgert, war bisher nicht als religiöser Fundamentalist aufgefallen. In einem Bekennerschreiben nahm er das Engagement der schwedischen Armee in Afghanistan als Begründung für den Anschlag. Zum Glück funktionierte nur eine von mehreren Bomben, die der Attentäter am Leib trug und ausschließlich ihn selbst tötete. Zusätzlich explodierte in unmittelbarer Nähe eine Autobombe, die jedoch ebenfalls keine Opfer verursachte. Doch das traditionell offene schwedische Gemeinwesen hat sich durch dieses erste Selbstmordattentat auf schwedischem Boden nicht einschüchtern lassen. Die Schweden stehen wehrhaft für ihre demokratischen Grundwerte ein und Radikale bleiben in der Konsensgesellschaft eine Minorität.

▷ *Segelboote bilden die maritime Kulisse vor den Felsen Södermalms*

Am Puls der Stadt
Leben in der Stadt

Leben in der Stadt

Der Tag beginnt für die Stockholmerin Anna Lundström mit einem kräftigen Schluck Kaffee aus der IKEA-Tasse, Modell „Sörglös". Flugs wird die blonde Haarpracht in Form gebracht und schon steigt sie behände in ihren Volvo-Kombi. Mit mit Spikes bewehrten Reifen kämpft sie sich durch die meterhohen Schneeverwehungen und weicht den vielen Elchen auf der Fahrbahn geschickt aus. Im Büro geht sie dann ihrem kündigungssicheren Job im Dienstleistungssektor nach, wahrscheinlich ist sie auch direkt beim Staat angestellt. Dank der ausgeprägten Gleichberechtigung trägt ihr männlicher Kollege am Monatsende die gleiche Zahl an Kronen wie Anna nach Hause. Zum Mittag gibt es Heringdips in Senfsauce auf frischem Knäckebrot, zur Zerstreuung liest sie ein Kapitel aus dem letzten Wallander-Krimi. Da es Freitag ist, trifft sie sich nach der Arbeit mit Freundinnen in einer angesagten Szenebar. Trotz der happigen Preise trinkt sie einen Cocktail nach dem anderen, bis sie um 2.30 Uhr betrunken mit dem Taxi nach Hause fährt. Samstagvormittag hat sie schließlich bereits wieder eine Verabredung mit Freunden: Ein Segeltörn durch den Stockholmer Schärengarten steht auf dem Programm ...

Auch wenn sich kaum jemand in Wirklichkeit einen solchen Lebenswandel vorstellt, so trifft man mit Fragen nach Schweden oder Stockholm bei Mitteleuropäern oftmals auf diese **festgefügten Bilder.** Natürlich gibt es diese Anna Lundström nicht, genauso wenig wie jemand den deutschen Michel jemals persönlich kennengelernt hat. Aber besonders die im deutschen Sprachraum verankerten Schwedenklischees sind stark ausgeprägt und ausgesprochen anste-

Am Puls der Stadt
Leben in der Stadt

ckend. Jedes Kind kennt hierzulande „schwedische Gardinen", Knäckebrot, den Nobelpreis oder seit einigen Jahren auch schwedische Krimis. An diesen Vorstellungen ist ja grundsätzlich nichts auszusetzen, doch wenn es darauf begrenzt bleibt, stellt dieses Schwedenimage nur ein unzureichendes Zerrbild der Wirklichkeit dar.

In Stockholm kann man sein Bild von den Menschen im hohen Norden bestätigen, erweitern oder revidieren – dabei hängt das Ergebnis immer vom Blickwinkel des Betrachters ab. Man sagt den Stockholmern nach, dass sie sehr reserviert und unterkühlt seien, Fremden gegenüber vorsichtig und abwartend. Die durch die Stadt eilenden Menschen wirken auf den ersten Blick so – aber ist das in Hamburg, München oder Frankfurt anders? Und wenn man auf sie zugeht, wird aus dieser Reserviertheit schnell eine offene Herzlichkeit. Die Stockholmer sind **äußerst hilfsbereit** und dank ihrer Fremdsprachenkenntnisse ungemein eloquent. Wenn man es drauf ankommen lässt und nach dem Weg, einem guten Café oder nach der richtigen U-Bahn-Linie fragt – in kaum einer anderen europäischen Metropole wird so kompetent, freundlich und schnell geholfen wie in Stockholm.

Die Stockholmer, wie eigentlich fast alle Schweden, sind sehr **harmoniebedürftige Menschen.** Über Inhalte wird viel und gerne diskutiert, politische Meinungsverschiedenheiten werden sachlich ausgefochten und in den Medien thematisiert, Pros und Kontras unvoreingenommen aufgelistet und gegeneinander abgewogen. Der Diskussionsstil ist dabei (fast) immer fair und menschlich korrekt. Ein offener Streit mit lauter Stimme oder sogar persönlichen Beleidigungen ist in der schwedischen Öffentlichkeit undenkbar, da der laute oder ausfallende Diskutant bei den Zuhörern – alle Inhalte hintenanstellend – jegliche Unterstützung sofort verlieren würde.

Konflikte werden nicht unterhalb der sachlichen Ebene ausgetragen, das ist schlichtweg nicht salonfähig.

Auch im Alltag spürt man diese **individuelle Verantwortung für das Gemeinwesen** und der Umgangston zwischen den Menschen ist sachlich bis freundlich. An der Bushaltestelle reiht man sich selbstverständlich am Ende der Warteschlange ein. In vielen Institutionen wie Post, Bank, Apotheke oder auch im Systembolaget, der staatlich lizensierten Alkoholverkaufsstelle, gibt es kleine Automaten, an denen jeder Kunde eine Nummer zieht und erst beim Aufrufen dieser Nummer zum Schalter vorrückt. (Auch für Besucher sehr wichtig: nicht vergessen, einen Nummernzettel zu ziehen!) Beim Betreten eines Restaurants – Ausnahme sind Imbissbuden oder Fast-Food-Restaurants – wartet der Gast geduldig im Eingangsbereich auf den *hovmästare,* den Oberkellner. Erst dieser geleitet die Gäste dann zu einem freien Tisch. Wer forsch vorpreschend den erstbesten Tisch besetzt, gilt als überaus unhöflich – auch Touristen sollten hier nicht auf einen „Ausländerbonus" hoffen.

Am besten man lernt Stockholm und die Stockholmer persönlich und vor Ort kennen. Anna Lundström soll übrigens sehr nett und freundlich sein …

Mit der Millennium-Trilogie auf Entdeckungstour

Die **Fangemeinde ist riesig,** es gibt wohl kaum noch Personen, die nicht über den bereits Kultstatus erlangten Stieg Larsson und seine Helden aus der Millennium-Trilogie gestolpert sind. Eine millionenfache Auflage der Krimis in mehreren Sprachen sowie die spannenden und erfolgreichen Verfilmungen des Stoffes sprechen eine eindeutige Sprache. Und dies alles mit dem tragischen Beigeschmack, dass der Erfolgsautor Larsson diese grandiosen Erfolge selbst gar nicht mehr miterleben konnte: Wenige Monate vor der Veröffentlichung des ersten Bandes erlag er völlig überraschend 2004 in Stockholm einem Herzversagen.

Große Teile der Roman-Handlungen spielen in Stockholm, vor allem im zweiten Band (dt. Titel „Verdammnis") geht es **kreuz und quer durch den Szenestadtteil Södermalm,** es wimmelt geradezu von städtischen Bezeichnungen. Was liegt da näher, als sich selbst auf die Spuren der Protagonisten Mikael Blomkvist und Lisbeth Salander zu begeben? Ob man sich nun auf eine Café-Tour in der Götgatan [E6] oder in der Hornstullgegend begibt oder doch die Wohnorte der fiktiven Hauptpersonen in der Lundagatan [B6], der Bellmansgatan [D6] oder in der Fiskargatan 9 am Mosebacketorg [E6] aufsucht, sei einem selbst überlassen.

Zum Pflichtprogramm sollte auf jeden Fall ein Abstecher in Blomkvists **Lieblingskneipe Kvarnen** (s. S. 41) in der Tjärhovsgatan zählen. Sie gehört tatsächlich zu den besten und auch

◁ *Moderne Architektur wie jene des futuristischen Globen* ❸❼ *durchbricht an vielen Stellen das alte Stadtbild*

Mit der Millennium-Trilogie auf Entdeckungstour

beliebtesten Lokalen Stockholms. Das Greenpeace-Büro, über dem die **Millenium-Redaktion** liegen soll, existiert übrigens ebenfalls in Södermalm in der Götgatan/Ecke Hökens Gata [E6]. Und auch die **Mellqvist Coffee Bar** in der Hornsgatan 78 in Södermalm wäre für echte Fans ein Pflichtprogramm: Dort trank nicht nur Blomkvist seinen Kaffee, sondern auch sein geistiger Vater Stieg Larsson. **Geführte Stadttouren** auf den Spuren der Helden organisiert das Stockholmer Stadtmuseum ㉙.

Teile seiner Inspiration soll Stieg Larsson bei keiner geringeren als Astrid Lindgren gefunden haben. Die Nähe zwischen Kalle Blomkvist und Mikael Blomkvist liegt auf der Hand. Und auch der Vergleich zwischen der undurchsichtig-seltsamen Lisbeth Salander mit der chaotisch-liebenswerten Pippi Langstrumpf ist bei genauerer Betrachtung gar nicht so abwegig.

Stieg Larsson wurde 1954 als Stig Larsson in Nordschweden geboren. Seinen Namen änderte er später, um Verwechslungen mit dem gleichnamigen Schriftsteller und Regisseur zu vermeiden. Als Journalist verdiente es sich erste Sporen, er galt als ausgemachter **Experte in Fragen des Rechtsextremismus.** Schon damals gab es allerdings auch eine andere Seite: Er und seine langjährige Lebensgefährtin Eva Gabrielsson sahen sich konkreten Bedrohungen aus der rechtsextremen Szene ausgesetzt.

Dann, Anfang des neuen Jahrtausends, kam es zu dem wohl entscheidenden Schritt in Larssons Leben: Mit dem ebenso ungewöhnlichen und mutigen Umstand, die ersten drei Bände schon fast vollständig fertig geschrieben zu haben, machte er sich auf die Suche nach einem Verleger und fand schließlich im Nordstedt-Verlag jemanden, der das Faszinierende seiner Krimis auf Anhieb erkannte. Der erste Band erschien 2005, die Bände zwei (2006) und drei (2007) folgten prompt. Ursprünglich auf 10 Bände ausgelegt, machte der **plötzliche Herztod** des erst 50-Jährigen allen einen Strich durch die Rechnung.

Posthum entbrannte ein heftiger **Streit um das Erbe Larssons.** Auf der einen Seite stand die Familie Larsson, vertreten durch seinen Vater und seinen Bruder, auf der anderen Seite fand sich seine Lebensgefährtin Eva Gabrielsson, mit der er allerdings nicht verheiratet war und die somit keine Erbschaftsansprüche geltend machen konnte. Dabei geht es bis heute nicht nur um viel Geld, sondern auch um die Frage, wie mit einer **möglichen Fortsetzung** der Romane umgegangen werden könnte. Ein vierter Teil soll von Larsson vor seinem Tod weitgehend fertiggestellt worden sein und wurde von Gabrielsson auf dessen Laptop gefunden. Sie hält ihn jedoch unter Verschluss. Von weiteren Bänden sollen zumindest Exposées vorliegen. Inwieweit es sich dabei um Gerüchte handelt oder ob dies nur für mögliche Verhandlungen in die Waagschale geworfen werden soll, bleibt unklar. Schlussendlich stellt sich doch vor allem wohl die Frage, wer sich denn in der Lage sehen würde, in die riesigen Fußstapfen eines Stieg Larsson treten zu wollen und zu können.

Stockholm entdecken

Gamla Stan (Altstadt)

Keine Frage, ob Tagesausflügler, Geschäftsreisender oder Austauschschüler: Wer zu Gast in Stockholm ist, wird unvermeidlich irgendwann in Gamla Stan landen, und das völlig zu Recht. Mit Gamla Stan sind eigentlich die drei Inseln Stadsholmen – welche häufig mit Gamla Stan gleichgesetzt wird –, Helgeandsholmen und Riddarholmen gemeint.

Schon früh existierte dort eine Befestigungsanlage zur Kontrolle der Mälaren-Ostsee-Passage. Nichts deutet jedoch auf eine permanente Besiedlung hin, bis unter der Regentschaft Birger Jarls die Siedlung Stockholm 1252 erstmals urkundlich erwähnt wurde. Von dieser kleinen befestigten Ansiedlung nahm die Entwicklung zur schwedischen Hauptstadt und europäischen Metropole mit ihren noch immer engen Gassen und mittelalterlich anmutenden Gebäuden ihren Lauf.

Die bezaubernde, farbenprächtige Altstadt wurde vor allem von der Kaufmannschaft und dem **Einfluss der Hanse** geprägt. Das große Feuer von 1625, dem hauptsächlich die hölzernen Gebäude im südwestlichen Altstadtgebiet zum Opfer fielen, konnte den Aufstieg zur Handelsmetropole nur kurzfristig aufhalten. Der geschichtsträchtige Platz Stortorget, die beiden Kirchen Storkyrkan und Tyska Kyrkan, das Reichstagsgebäude sowie das Königliche Stadtschloss als Sitz der schwedischen Monarchen sind die heute noch sichtbaren Zeugen dieser gewaltigen Entwicklungen.

❶ Reichstag (Riksdag) ★★ [E4]

Vom Hauptbahnhof/Sergels Torg kommend erreicht man über die Riksbron zunächst die kleine **Insel Helgeandsholmen** mit dem beeindruckenden Riksdagshuset, dem **schwedischen Reichstag** und Sitz des Parlaments.

Das Reichstagsareal wird durch die Riksgatan zweigeteilt. Der östliche Komplex ist das ursprüngliche, zu Beginn des 19. Jahrhunderts fertiggestellte Parlamentsgebäude. Auf der westlichen Seite liegt der ehemalige Sitz der Schwedischen Reichsbank, die, als 1971 Schweden von einem Zwei- zu einem Einkammersystem

◀ *Vorseite: Skulpturenkunst vor dem Panorama Riddarholmens* ❽

◀ *Die engen Gassen Gamla Stans sind nur selten so menschenleer wie in diesem Fall*

Stockholm entdecken
Gamla Stan (Altstadt)

überging, aus dem Gebäude auszog und somit Platz für die parlamentarische Arbeit schuf. Hier befindet sich auch der **moderne Plenarsaal** und man kann von dort den Volksvertretern und Volksvertreterinnen – mit deutlich über 40 % hat der Riksdag eine der weltweit höchsten Frauenquoten – bei ihren Sitzungen über die Schultern schauen.

❯ Riksgatan 3a, U-Bahn T-Centralen, Gamla Stan oder Kungsträdgården, Tel. 7864000 oder 7864862, www.riksdagen.se, im Sommer Führungen auf Englisch und Schwedisch mehrmals täglich, von Okt.–Juni an den Wochenenden. Der Besuch der Besuchertribüne während der Plenarsitzungen ist generell möglich.

❷ Mittelaltermuseum (Medeltidsmuseet) ★★ [E4]

Die zweite Attraktion der kleinen Insel Helgeandsholmen ist das Mittelaltermuseum auf der östlichen Inselseite. Als in den 1970er-Jahren an dieser Stelle eine Tiefgarage in den Fels getrieben werden sollte, stieß man auf **mittelalterliche Mauer-, Gebäude- und Bootsreste.** Was bot sich mehr an, als hier ein Museum entstehen zu lassen, in dem nun mit Stolz Artefakte des mittelalterlichen Stockholms präsentiert werden können? Gott sei Dank setzten sich die Denkmalschützer gegenüber den Stadtplanern durch, im Jahre 1986 öffnete dieses anschauliche und interessante Museum für seine Besucher die Pforten und die Hauptstadt war um eine Attraktion reicher. Auf dieser Seite des Helgeandsholmen liegt auch ein **kleiner Park** mit noch kleinerem Café. Der Park existiert sein 1832 und ist damit der älteste öffentliche Park der Stadt.

> **EXTRATIPP**
> **Frühaufsteher bevorzugt**
> Gamla Stan hat natürlich auch seine schrecklich-schöne Seite: In der Hauptsaison werden die Touristengruppen busweise durch die herrliche Altstadt geschleust. Wer in dieser Zeit einen ruhigen Augenblick genießen möchte, sollte sich schon zu frühmorgendlicher Stunde aufmachen. Alternativ kann man versuchen, in eine der vielen kleinen Seitenstraßen zu entfliehen, um dort in einer ruhigen Minute für sich zu sein und die einzigartige mittelalterliche Stimmung auf sich wirken zu lassen.

❯ Strömparterren, Norrbro, U-Bahn Kungsträdgården oder T-Centralen, Tel. 50831620, www.medeltidsmuseet.stockholm.se, Eintritt 100 Skr (gilt für das ganze Jahr und deckt auch den Besuch des Stadtmuseums ㉙ ab), frei bis 19 Jahre, im Winter Di., Do.–So. 12–17 Uhr, Mi. 12–19 Uhr, im Sommer tägl. 12–17 Uhr, Mi. bis 19 Uhr

❸ Königliches Stadtschloss (Kungliga Slottet) ★★★ [E4]

Schon von Weitem erblickt man die gewaltigen Mauern des Königlichen Stadtschlosses, die offizielle Stadtresidenz der schwedischen Königsfamilie mit einer Vielzahl von Museen.

Nachdem das ursprüngliche, an ein wahres Märchenschloss erinnernde Schloss Tre Kronor 1697 bei einer verheerenden Brandkatastrophe fast vollständig ein Opfer der Flammen wurde, begann man augenblicklich, den Wiederaufbau in Angriff zu nehmen. Damit beauftragt wurde der Hofarchitekt Nicodemus Tessin der Jüngere, der allerdings nicht mehr in den Genuss kam, sein Werk vollendet zu

Stockholm entdecken
Gamla Stan (Altstadt)

sehen. Erst im Jahre 1754 war der eindrucksvolle dreigeschossige Neubau vollendet und konnte von der königlichen Familie wieder bezogen werden. Das **im italienischen Barockstil** errichtete Stadtschloss mit quadratischem Grundriss und großem Innenhof wirkt heute kolossal-imposant oder aber auch zweckmäßig-kühl und ist eines der weltweit größten noch von der königlichen Familie genutzen Schlösser.

Gleich eine ganze Reihe außergewöhnlicher Ausstellungen und Museen erwarten hier die Besucher. Diese sollten daher gut vorbereitet sein und – was noch wichtiger scheint – ausreichend Zeit einplanen. Im nördlichen Flügel, dem Teil, der beim Brand nicht so sehr in Mitleidenschaft gezogen wurde und wo noch bauliche Reste des Vorgängerschlosses zu bestaunen sind, ist das **Mu-**

Immer wieder beeindruckend: die schöne Storkyrkan ❹ *neben dem monumentalen Stadtschloss* ❸

Stockholm entdecken
Gamla Stan (Altstadt)

prunkvolle Juwelen, königliche Kopfbedeckungen sowie die Reichsinsignien verwahrt werden.

In der **Königlichen Rüstkammer** wird anhand von speziellen Gegenständen, Waffen und Kleidern die Geschichte des schwedischen Königtums nachgezeichnet. Wertvollste und skurrilste Aushängeschilder der Ausstellung sind zweifellos die Maske Gustavs III., die er während des auf ihn verübten Attentats trug, oder das ausgestopfte Pferd Gustav II. Adolfs, das er in der Schlacht bei Lützen ritt.

Das **Antikmuseum** Gustavs III. ist seit seiner Einrichtung 1790 mehr oder weniger unverändert geblieben und stellt die von Gustav III. auf seiner Italienreise zusammengetragenen Statuen und Skulpturen aus.

Und wer auf zackige Marschmusik und glitzernde Uniformen steht, der sollte sich nicht das Spektakel des **Wachwechsels der Königlichen Wache** auf dem Schlossplatz entgehen lassen. In den Sommermonaten täglich um 12.15 Uhr (an Sonn- und Feiertagen um 13.15 Uhr) vollzieht sich dieser bei Touristen beliebte militärisch-festliche Aufmarsch – teils mit Musik, teils hoch zu Ross.

seum Tre Kronor untergebracht, das sich mit der Entstehungsgeschichte des Schlosses auseinandersetzt. Die großartigen **Königlichen Repräsentationsräume** liefern ein anschauliches Bild vom Alltag und dem Leben im Schloss. Dazu gehört auch die von der königlichen Familie genutzte **Schlosskirche**, in der zu den Gottesdiensten an Sonn- und Feiertagen (in der Regel um 11 Uhr) teilweise auch das „gemeine Volk" willkommen ist.

Gut gesichert im unterirdischen Gewölbe liegt die **Schatzkammer**, in der

› Slottsbacken, U-Bahn Gamla Stan oder Kungsträdgården, Tel. 4026130, www.kungahuset.se. Für den Besuch empfiehlt sich ein Kombiticket (Repräsentationsräume, Museum Tre Kronor und Schatzkammer) für 150 Skr, ermäßigt 75 Skr. Die Öffnungszeiten der einzelnen Museen variieren etwas voneinander. Generelle Orientierungszeiten sind: Mitte Mai–Mitte Sept. tägl. 10–17 Uhr, Mitte Sept.–Mitte Mai Di.–So. 12–16 Uhr. Im Sommer täglich und im Winter dienstags bis sonntags finden ab 11 Uhr Führungen von 45 Minuten Dauer mit verschiedenen Themen statt.

Stockholm entdecken
Gamla Stan (Altstadt)

Bellman – mit „Wein, Weib und Gesang" zur Nationalikone

*Carl Michael Bellman ist in Mitteleuropa nur einem winzigen Fachpublikum ein Begriff, in Schweden ist er so populär und bekannt wie Astrid Lindgren oder ABBA! Einen Schweden zu finden, egal ob neun oder 99 Jahre alt, der nicht wenigstens ein Bellman-Lied oder -Gedicht auswendig rezitieren kann, dürfte unmöglich sein. Auf fast jeder Festivität wie Geburtstag, Hochzeit, Studentenfeier oder Betriebsfest wird zu späterer Stunde in Schweden Bellman'sches Liedgut intoniert. Wer ist dieses **Phänomen der schwedischen volkstümlichen Musik?***

*Geboren am 4. Februar 1740, genoss der junge Carl in seiner deutschstämmigen Familie eine behütete und von finanziellen Sorgen unbelastete Kindheit. Schon früh zeigte sich sein **sprachliches und musisches Talent.** Bereits als Teenager übersetzte er religiöse Abhandlungen, verfasste satirische Texte oder versuchte sich an ersten Theaterstücken. Eine besondere Begabung stellten seine Reime und Verse dar, die er aus dem Stehgreif zu formulieren vermochte. Bellman war für seine scharfe Zunge bekannt und konnte im Handumdrehen ein Lied für einen der Anwesenden texten. Thematisch bewegte sich der „Volkskomponist" fast immer im Milieu von Trinkern, Spielern, Huren und Troubadouren. Im „krog" (dt. Wirtshaus, Kneipe) fand er seine Charaktere und Geschichten. Und nicht wenige seiner Dichtungen scheinen einen autobiografischen Hintergrund zu besitzen.*

*Bellman war ein Lebemann, wie er im Buche steht. Sein **Lebensinhalt waren Feiern, Frauen und der Branntwein.** Er berichtet in seinen Liedern von „krog"-Besuchen - im Stockholm des 18. Jahrhunderts gab es ca. 700 Kneipen bei einer Einwohnerzahl von lediglich 70.000 - und Vollräuschen, von Liebe und Herzschmerz, vom Altern und der schwindenden Schönheit, von Verlustängsten und Tod. Bereits mit 23 Jahren war Bellman so hoch verschuldet, dass er vor seinen Gläubigern*

❹ Storkyrkan ★★ [E5]

Die Storkyrkan, die Große Kirche, ist eines der ältesten Gebäude der Stadt und aufgrund ihrer zentralen Lage und ihrer unverwechselbaren Ausstrahlung eine beliebte Touristenattraktion.

Die Anfänge des Gotteshauses lassen sich bis zu einer ersten urkundlichen Erwähnung im Jahre 1279 zurückverfolgen, die feierliche Einweihung erfolgte 1306. Gleich mehrmals wurde die Kathedrale umgebaut, die Inneneinrichtungen fallen weitgehend im gotischen Stil aus, während das Kirchenäußere die Epoche des Barocks widerspiegelt. In seiner wechselvollen Geschichte wurden hier im Stockholmer Dom auch zahlreiche **schwedische Könige gekrönt oder vermählt**, zuletzt im Juni 2010 die gleichsam attraktive wie beliebte Kronprinzessin Victoria mit dem bürgerlichen Daniel Westling.

Bedeutendste Inneneinrichtungen sind zum einen die vom Lübecker Bernt Notke erschaffene **Plastik „St. Georg und der Drache"**, die den Sieg Sten Stures über die Dänen in der Schlacht am Brunkeberg 1471 symbolisieren soll (eine Kopie davon

Stockholm entdecken
Gamla Stan (Altstadt)

nach Norwegen fliehen musste und erst nach zwei Monaten mit einem königlichen Freibrief zurückkehren konnte. *Finanzprobleme* bestimmten Bellmans Leben: Hatte er Geld, gab er es mit beiden Händen aus, half Freunden und Saufkumpanen – zumeist hatte er jedoch kein Geld und nahm Kredite auf, um alte Schulden zu decken. Da jedoch auch König Gustav III. Bellmans Unterhaltungskunst schätzte und ihn mit Posten (z. B. als Hofsekretär bei der königlichen Lotterie) und Zuwendungen unterstützte, kam der trinkende Poet immer irgendwie über die Runden.

Obwohl Bellman mit 37 Jahren die 15 Jahre jüngere Lovisa heiratete, das Paar hatte insgesamt vier Kinder, änderte er seinen Lebensstil kaum, war weiterhin gern gesehener Gast bei Gesellschaften und hatte neben seiner Gattin wechselnde Liebschaften. Die finanzielle Situation spitzte sich jedoch immer weiter zu und die Familie war regelmäßig gezwungen, die Wohnung zu wechseln und sich eine bescheidenere Unterkunft zu suchen. Als Gustav III. 1792 starb, verlor Bellman seinen Schutzherrn und die Schulden wuchsen ihm endgültig über den Kopf. Er landete 1794, bereits massiv vom Alkoholmissbrauch gezeichnet, für zwei Monate im Schuldgefängnis. Hiervon erholte er sich nie wieder, verstarb im Februar 1795 mit 55 Jahren und hinterließ eine gänzlich mittellose Familie.

*Von Bellman sind **ca. 1800 Gedichte und Lieder überliefert**. Den Kern seines Lebenswerkes bilden jedoch zwei Liederzyklen, die er in den letzten Jahren vor seinem Tod in Druckform veröffentlichte: „Fredmans epistlar" (dt. Fredmans Episteln, 1790) und „Fredmans sånger" (dt. Fredmans Lieder, 1791) mit zusammen fast 150 Liedern. Benannt sind diese Liedersammlungen nach der Gestalt des Uhrmachers Fredman, einer der immer wiederkehrenden Charaktere in Bellmans Schaffen, der, wie kaum anderes zu erwarten, den Frauen und dem Branntwein zugewandt ist.*

ist auf dem Köpmantorget zu bestaunen), und zum anderen das **Gemälde von der „Vädersolstavlan"**, einer spektakulären Himmelserscheinung im Jahre 1535, deren Interpretation sowohl von weltlicher wie geistlicher Seite jeweils für ihre Zwecke missbraucht wurde. Bei dem Gemälde handelt es sich jedoch wohl um eine Kopie des Originals aus dem Jahre 1630.
› Trångsund 1, U-Bahn Gamla Stan, www. stockholmsdomkyrkoforsamling.se, Tel. 7233016, tägl. 9–16 Uhr, Eintritt: 40 Skr, ein kurzer Moment der Besinnlichkeit ist selbstverständlich ohne Eintritt möglich

❺ Stortorget ★★★ [E5]

Unweit der Storkyrkan breitet sich der geschichtsträchtige Stortorget aus, ältester Platz der Stadt, früherer Marktplatz und noch immer das Zentrum Gamla Stans.

Die Westseite mit ihren wunderschönen Giebeln und den Cafés im Erdgeschoss gehört vermutlich zu den am meisten abgelichteten Motiven Stockholms. Doch diese Idylle war keinesfalls immer so: Zum Ende des Jahres 1520 ereignete sich an dieser Stelle das legendäre **Stockholmer Blutbad**, bei dem der däni-

Gamla Stan (Altstadt)

sche König Christian „Tyrann" II. über 80 Vertreter der Stockholmer Oberschicht wortwörtlich um einen Kopf kürzer machen ließ und den Platz in tiefes Blutrot tünchte. Das Blutbad erwies sich jedoch für den Dänenkönig als wahrer Pyrrhussieg, den es noch bitter zu bereuen galt, handelte es sich doch bei einem der Hingerichteten um den Vater Gustav Vasas ... Einem Gerücht zufolge soll die Kanonenkugel, die in der Hauswand des Eckhauses Stortorget/Skomakergatan festsitzt, bei der Belagerung Stockholms durch Gustav Vasa im Jahre 1521 ihr Ziel – den dänischen König – verfehlt haben und seitdem dort stecken. Und auch bei den 82 weißen Steinen im Haus Stortorget 20 könnte es sich nicht bloß um zufällige Verzierungen handeln, sondern um eine bewusste Erinnerung und Mahnung an das Stockholmer Blutbad 1520 mit über 80 Toten.

Ein anderes, den Stortorget dominierendes Gebäude ist die **ehemalige Börse** an der Nordflanke des Platzes. Das Haus wurde zum Ende des 18. Jahrhunderts von Gustav III. eingeweiht und lange Zeit fanden die Schwedische Akademie und die Börse dort ihr Zuhause. Seit 2001 beheimatet es das moderne **Nobelmuseum**, das trotz des bewährten Namens und einiger spannender Ausstellungsstücke nicht mit allzu vielen Vorschusslorbeeren bedacht werden sollte.

Eine weitere Kuriosität befindet sich an der Ecke Prästgatan/Kåkbrinken: Dort ist ein **Runenstein** in die Hauswand aus dem 11. Jahrhundert eingemauert. Aus welchem Grund dies geschah, ist kaum mehr nachzuvollziehen. Das **Kanonenrohr** hingegen übt eine Schutzfunktion gegenüber Häuserecke und Runenstein

> **KLEINE PAUSE**
> **Köstliche heiße Schokolade**
> In der geradezu winzigen **Boutique de Chocolat** (s. S. 35) muss man unbedingt die wahrscheinlich beste heiße Schokolade der Stadt probieren. Der Löffel bleibt beim Umrühren beinahe stecken!

aus, da im 17. Jahrhundert die Holzkarren begannen, ihre Spuren an den Häuserecken zu hinterlassen.
› U-Bahn Gamla Stan

Durch die Gassen Gamla Stans

Die Västerlånggatan beschreibt mit der Österlånggatan den ungefähren Verlauf der mittelalterlichen Stadtbefestigung. Die charmanten Altstadtgassen sind die Haupttouristenmeilen Gamla Stans, daher häufig überfüllt mit Besuchern aus aller Welt und zugleich Umschlagplatz von Souvenirs aller Art sowie jeglicher Qualität und Preisklasse.

Viele kleine Stichstraßen und Seitengassen gehen in westlicher Richtung von der Västerlånggatan ab und führen zur Stora Nygatan und Lilla Nygatan. Die **rechtwinklige und geradlinige Straßenführung** in diesem Bereich sind Beleg für die planmäßige Stadterweiterung, die hier nach dem Feuer von 1625 durchgeführt wurde. Dieser Teil Gamla Stans wimmelt geradezu von Restaurants und Kneipen. In östlicher Richtung liegt die Parallelgasse **Prästgatan**, die ebenfalls eine einzigartige Stimmung verbreitet. Von dort sind es auch nur wenige Schritte bis zum friedlichen Platz Kindstugan/Ecke Själagårdsgatan, an dem man kurz verschnaufen kann.

Stockholm entdecken
Gamla Stan (Altstadt)

Vom Järntorget geht es über die **Österlånggatan** wieder zurück in Richtung Schloss. Im Gegensatz zu ihrem Pendant, der Västerlånggatan, hebt sich diese Straße hinsichtlich der Qualität der verkauften Produkte in angenehmer Art und Weise ab. Hier sind die angebotenen Artikel im Allgemeinen hochwertiger, anspruchsvoller und origineller, zudem ist sie etwas weniger überfüllt.

In der Österlånggatan Nr. 51 ist die **Gaststätte Den Gyldene Freden** (s. S. 29) einen Besuch wert. Ganz abgesehen von der hohen Qualität der Speisen ist das Restaurant allein schon wegen seiner Geschichte legendär. Seit 1722 existiert das Lokal und zählte so illustre Gestalten wie Evert Taube oder den Künstler Anders Zorn zu seinen Gästen. Zorn war ebenfalls Besitzer des Gyldene Freden und vermachte es letztendlich der Schwedischen Akademie.

Beim **Köpmantorget** befand sich ursprünglich ein Stadttor. Heute ist der Platz der Kaufleute vor allem wegen der Kopie der Plastik „St. Georg und der Drache" aus der Storkyrkan ❹ bekannt. Die Galerien, Antiquariate und Läden in der netten Köpmangatan und in den umliegenden Straßen bis hoch zum Stortorget ❺ sind unter anderem bekannt für ihre **hochwertigen Kunst- und Handwerksprodukte** und auf jeden Fall einen Besuch wert.

Die Österlånggatan öffnet sich zum **Slottsbacken**, dem weitläufigen, häufig mit Bussen beparkten Schlossvorplatz. Die **Finska Kyrkan** am Slottsbacken 2c zeugt von der langen Verbindung der beiden skandinavischen Länder und der Größe der finnischen Gemeinde in Stockholm. Kurioserweise diente sie zuvor als eines der ersten Sportgebäude des Landes, in dem mit dem aus Frankreich stammenden *Jeu de paume* eine Art Vorläufer des Tennis praktiziert wurde. Der **Tessinska Palatset** (Slottsbacken 4) war eines der Gebäude, den der Schlossarchitekt Tessin für sich und seine Familie erwarb und umgestaltete. Im benachbarten **Königlichen Münzkabinett** erfährt man vieles über Geld, Währungen und Finanzen.

› **Kungliga Myntkabinettet**, Slottsbacken 6, www.myntkabinettet.se, Tel. 51955304, tägl. 10–16 Uhr, Eintritt: 70 Skr, erm. 50 Skr, bis 18 Jahre Mo. montags Eintritt frei

> **EXTRATIPP**
> **Schmalste Gasse der Altstadt**
> Der Mårten Trotzig Gränd [E5] ist mit einer Breite von gerade einmal 90 cm die wohl schmalste Gasse der Stadt. Manchmal bilden sich an der engsten Stelle sogar Staus, da sich das Durchkommen durchaus schwierig gestalten kann.
>
> 032st Abb.: sk
>
>

Gleich unten am Wasser befindet sich das Svenska Institutet.
› U-Bahn Gamla Stan

Stockholm entdecken
Gamla Stan (Altstadt)

6 Tyska Kyrkan ★★ [E5]

Östlich der Västerlånggatan ragt die Tyska Kyrkan (*tysk* = deutsch) mit ihrem **96 m hohen Turm** in den Stockholmer Himmel. Allein schon anhand der Straßennamen dieses Viertels – Tyska Brinken, Tyska Stallplan, Tyska Skolgrän, Tyska Brummsplan oder eben besagter Tyska Kyrkan – lässt sich der **immense Einfluss deutscher Kaufleute** in den Tagen der Hanse ablesen.

Die Kirche entwickelte sich aus dem St.-Gertrud-Gildenhaus der deutschen Kaufmannschaft. Wesentliche Umbau- und Erweiterungsarbeiten zwischen 1638 und 1642 sowie nach einem Brand 1878 verhalfen der Kirche zu ihrem jetzigen Aussehen, wobei der **barocke Altar** und die **Kanzel** am meisten hervorstechen. Interessantes gibt es auch zur heutigen rechtlichen Stellung zu berichten: Aufgrund jahrhundertealter Privilegien besitzt die Gemeinde die Rechte, ihre Finanzen selber zu verwalten und ihre Pfarrer aus Deutschland zu berufen.

› Svartmangatan 16, U-Bahn Gamla Stan, www.svenskakyrkan.se, Mai–Sept. tägl. 11–16 Uhr, Okt.–April Mi., Fr. u. Sa. 11–15 Uhr

Gottesfürchtig: das Eingangsportal der Tyska Kyrkan

Auf Riddarholmen kommt fast automatisch mittelalterliche Stimmung auf

Gamla Stan (Altstadt)

❼ Järntorget ★ [E5]

Kurz bevor die Västerlånggatan in den Järntorget mündet, sollte man noch einmal die Gelegenheit nutzen, durch den Mårten Trotzig Gränd zu „schlendern" – die schmalste Gasse der Altstadt. Schließlich geht die Västerlånggatan in den Järntorget über, einen recht überschaubaren und beliebten Platz, der auf eine **lange Tradition als Handelsplatz** (*järn* = Eisen) zurückblicken kann. Großer Popularität erfreuen sich die **Statue Evert Taubes**, des Stockholmer Urgesteins und Troubadours, und der **alte Brunnen** in der Mitte des Järntorget.

Von hier führt ein möglicher Weg in südlicher Richtung weiter zum wenig anschaulichen Verkehrsknotenpunkt und Busbahnhof Slussen, dessen immer noch relativ tristes Erscheinungsbild sich inzwischen ein wenig zum Positiven gewandelt hat und dessen Umgestaltung – glaubt man der lokalen Presse – in greifbare Nähe gerückt ist. Von hier gelangt man schließlich nach Södermalm (s. S. 94).
› U-Bahn Gamla Stan

❽ Riddarholmen ★★★ [D5]

Riddarholmen, die Insel der Ritter, die etwas ruhigere und mit spektakulären Gebäuden versehene Insel, ist wunderschön am Wasser des Riddarfjärden gelegen.

Im nordwestlichen Bereich der Altstadt, über Slottskajen, Mynttorget und Riddarhustorget, erreicht man den Übergangsbereich nach Riddarholmen. Zuvor steht man beim **Riddarhustorget** noch vor zwei Palästen, dem Bondeska Palatset und dem Riddarhuset. Der **Bondeska Palatset**, benannt nach dem Schatzmeister Gustav Bonde, wurde von Tessin dem Älteren im Barockstil errichtet. Beinahe zwei Jahrhunderte diente es als Rathaus Stockholms, seit 1949 ist dort nun das Oberste Gericht zu Hause. Das **Riddarhuset** wurde in den Jahren 1641–1674 hauptsächlich von

Stockholm entdecken
Gamla Stan (Altstadt)

der Architektenfamilie de la Vallée als Versammlungsstätte der Ritterschaft und des Adels erbaut. Diese trafen sich hier erstmals 1668 für die anstehenden Verhandlungen zum Reichstag. Die letzten Treffen fanden in den Jahren 1865/66 statt. In dem Bereich zum Riddarhustorget wurde die **Statue Gustav Vasas** errichtet, während auf der anderen Seite ein Abbild des ehemaligen schwedischen Reichskanzlers Axel Oxenstiernas zu bestaunen ist.

Riddarholmen ist von der vom Straßenverkehr stark frequentierten Centralbron abgetrennt und über eine kleine Brücke zu erreichen. Im 13. und 14. Jahrhundert existierte auf der Insel ein Kloster, dessen Mönche aufgrund ihrer Kleidung Graumönche gerufen wurden. Folglich ergab sich der Name „Gråmunkholmen" für das spätere Riddarholmen. Gustav Vasa ließ die Insel befestigen und in den schwedischen Großmachtzeiten im 17. Jahrhundert wurden die staatliche Verwaltung und andere Einrichtungen hierhin verlegt. Aufgrund dessen verkehrten dort viele vornehme und ehrenwerte Adlige, was lag also näher, als den Ort in Riddarholmen umzubenennen. Heute befinden sich noch immer Justiz- und andere Verwaltungsgebäude auf dem Eiland.

Hauptattraktion der Insel ist die **Riddarholmskyrkan**, die berühmte **Begräbniskirche der schwedischen Könige**. In der Zeit vom Ende des 13. bis Anfang des 15. Jahrhunderts errichtet, findet man hier das „Who's who" der schwedischen Regenten: Von Magnus Ladulås (1275–1290) bis Gustav V. (1907–1950) fehlen nur wenige der gekrönten schwedischen Häupter. Des Weiteren hängen an den Wänden die Wappen der Mitglieder des Serafimerordens, einer exklusiven Bruderschaft, deren Mitgliedschaft man nur als Teil der königlichen Familie oder als bedeutender ausländischer Staatsmann erlangen kann.

★153 [D5] **Riddarholmskyrkan**, Birger Jarls Torg, www.kungahuset.se, Tel. 4026130, Eintritt: Erwachsene 40 Skr, Kinder 7–18 Jahre 20 Skr, Mitte Mai–Sept. tägl. 10–17 Uhr

Die Kirche steht direkt am **Birger Jarls Torg**. Dem prachtvollen, kopfsteinbedeckten Platz im Zentrum Riddarholmens fehlen leider die Menschen – es sein denn, man begegnet den sporadisch auftauchenden Touristenbussen. So wirkt der Platz manchmal recht verloren, was allerdings auch seine guten Seiten hat, kann man doch so dem Treiben Gamla Stans entfliehen und hier eventuell einen stillen Augenblick genießen. Eine Ausnahme stellt diesbezüglich die Feier zur Walpurgisnacht dar, wenn auf Riddarholmen feuchtfröhlich der Frühling willkommen geheißen wird.

Weitere palastartige Gebäude säumen den Birger Jarls Torg, so beispielsweise der Wrangelska Palatset (Birger Jarls Torg Nr. 16), welcher der durch den Schlossbrand „obdachlos" gewordenen königlichen Familie zwischenzeitlich als Unterkunft diente, der Stenbockska Palatset (Birger Jarls Torg Nr. 4), das Palais Hessenstein (Birger Jarls Torg Nr. 2) oder das Schering-Rosenhane-Palais (Birger Jarls Torg Nr. 10). Am Ende der vom Platz wegführenden Schering Rosenhanes Gränd befindet sich eine schwarze Eisenluke aus dem Jahre 1866, die als Messstation der noch immer andauernden Landhebung diente. In der äußersten nordwestlichen Ecke Riddarholmens steht **Bir-**

ger Jarls Torn, ein Teil der alten Befestigungsanlage Gustav Vasas, die fälschlicherweise nach Birger Jarl benannt wurde. Von der westlichen Seite, in der Nähe der **Evert Taubes Terrass**, hat man einen der besten Aussichtspunkte auf den Riddarfjärden, das Stadshuset ⑰ oder nach Mariaberget/Södermalm. Ein wenig weiter liegt das stolze Hotelschiff Mälardrottningnen (s. S. 128) vor Anker.

Auf halbem Weg zwischen Riddarholmen und Norrmalm befindet sich das kleine **Strömsborg**. Eigentlich genial gelegen, umspült vom Wasser, wäre dies eine einzigartige Adresse, wenn nicht der immense Verkehr wäre. Heute wird die kleine Schäre als Sitz verschiedener Unternehmen und Organisationen genutzt.

> U-Bahn Gamla Stan

Norrmalm

Norrmalm, auch als Stockholms City oder Zentrum bezeichnet, ist unbestritten das pulsierende, umtriebige und moderne Zentrum der schwedischen Hauptstadt. Das heutige Erscheinungsbild wird von zweckmäßigen Bürokomplexen, repräsentativen Verwaltungs- und Regierungsgebäuden, verführerischen Warenhäusern und Geschäftszeilen sowie – leider auch – verkehrstechnischen Vorgaben geprägt.

Dies war jedoch nicht immer so. Nachdem sich die Stadtgründung Stockholms auch in bevölkerungstechnischer Hinsicht zu einer Erfolgsgeschichte entwickelte, wuchs die Stadt über die heutige Gamla Stan hinaus und erste Siedlungen entstanden auf dem Gebiet des jetzigen Norrmalm. Im Jahre 1602 erstritt sich die Ansiedlung den Status einer unabhängigen Stadt mit eigenen Stadtrechten, Bürgermeister und Magistrat inklusive. Aus machtpolitischen Erwägungen seitens der Stockholmer – nicht zuletzt auch wegen erhoffter Mehreinnahmen aus Steuern – dauerte diese Phase nur gut drei Jahrzehnte, 1635 wurde Norrmalm wieder in das Stadtgebiet Stockholms eingegliedert. Einen weiteren Schub erhielt der Stadtteil mit der Einweihung des Hauptbahnhofs im Jahre 1871.

In den drei Jahrzehnten nach dem Zweiten Weltkrieg stand Norrmalm ganz im Zeichen eines durchaus populären **Modernisierungswahns**. Große Umbrüche und nachhaltige Ein-

◸ Wo gibt es das sonst noch? – Lachsangeln mitten in der Hauptstadt

Norrmalm

schnitte veränderten nun das Stadtbild und prägen es bis in unsere Zeit. Dabei wurde in aller Konsequenz so manche **städtebauliche Sünde** begangen, die man sich aus heutiger Sicht doch lieber erspart hätte. Heute leben gut 7000 Einwohner in dem Stadtbezirk.

Viele Touristen werden Norrmalm sicherlich eng mit dem Thema **Einkaufen** in Verbindung bringen. Dies ist leicht nachzuvollziehen, bedarf aber einer gewissen Differenzierung. Die überlaufene und weitgehend autofreie **Drottninggatan** [C1–D4] ist wohl die erste Anlaufstation. Hier und in den Nebenstraßen gibt es beinahe alles zu erstehen, doch sind die Geschäfte vielfach austauschbar, man sucht vergeblich nach dem Speziellen, obgleich es sicherlich auch positive Ausnahmen gibt. Je mehr man sich Gamla Stan nähert, desto touristischer wird die Produktpalette, und dies gilt ebenso für Cafés und Restaurants. Der nördlich der Kungsgatan verlaufende Teil der Drottninggatan kann hingegen durchaus mit originellen Geschäften und einladenden Cafés aufwarten. Hier wird man auch vermutlich eher „echte" Stockholmer antreffen als in der übrigen Drottninggatan.

Die wahrscheinlich bekannteste Shoppingmeile der Stadt ist die **Kungsgatan** [E2]. Hier gilt: Je weiter man ihr nach Osten, also Richtung Östermalm folgt, desto interessanter, aber auch exklusiver werden die Geschäfte. Vor allem die Nebenstraßen zur Hamngatan hin beweisen dies. Mit der **Hamngatan** [E3] sei eine weitere gute Einkaufsstraße genannt. An ihr liegen Einkaufsstempel wie das edle Kaufhaus NK, die Gallerian-Passagen oder das interessante Sverigehuset.

❾ Hauptbahnhof (Stockholm Centralstation) ★ [D4]

Der zum Ende des 19. Jahrhunderts erbaute Hauptbahnhof Stockholms ist mehr als ein gewöhnlicher Bahnhof, hier befindet sich außerdem der zentrale Knotenpunkt der Stockholmer U-Bahn-Linien.

All jene, die nicht mit dem eigenen Pkw, sondern mit der Bahn oder via Flughafen nach Stockholm gelangen, werden aller Voraussicht nach ihren Stockholmaufenthalt am Hauptbahnhof beginnen. Außerhalb des Bahnhofsgebäudes sind die Haltestellen für Busse, die die Hauptstadt mit dem übrigen Land verbinden, und die Schnellbusse zum Flughafen zu finden. In der **riesig erscheinenden Bahnhofshalle** befinden sich eine Hotelvermittlung, Zeitschriftenläden mit den wichtigsten internationalen Publikationen, Cafés und die unvermeidlichen Schnellimbisse.

Mit der **Icebar** (s. S. 41) im Lobbybereich des Nordic Sea Hotels am Vasaplan ist Stockholm um eine weitere Attraktion reicher. Wie im berühmten Pendant, dem Eishotel in Jukkasjärvi (in Nordschweden), ist auch im kleineren Ableger das gesamte Interieur aus Eis. Bei konstanten –5 °C kommt jedoch keinesfalls frostige Stimmung auf – gelegentlich verspürt man aber den Wunsch nach einem wärmenden Glühwein.

› U-Bahn T-Centralen

❿ Heumarkt (Hötorget) ★ [D3]

Wochenmarkt und Warenhäuser, die exzellenten Lebensmittelhallen, das moderne Multiplexkino und das ehrwürdige Konserthuset bestimmen das Bild des Hötorget, des Heumarkts, auf dem schon von jeher Ge-

schäfte mit allen möglichen Naturalien betrieben wurden.

Lag an dieser Stelle einst ein Wikingerdorf mit dem Namen Väsby, so werden hier heute vor allem Obst und Gemüse in allen Variationen lautstark den mehr oder weniger kaufwilligen Passanten angeboten. In den angrenzenden **Hötorgshallen** (s. S. 21) kann entweder der Proviant mit Delikatessen und anderen Lebensmitteln von hoher Qualität aufgefüllt oder aber die Stadtbesichtigung für eine exzellente Stärkung unterbrochen werden.

Genau der richtige Platz, um dem geschäftigen Treiben auf dem belebten Marktplatz zuzuschauen, sind zweifelsfrei die Stufen des **Konserthuset** (s. S. 44). Das in einem mutigen Blau gehaltene Bauwerk wurde 1926 nach Plänen des Architekten Ivar Tergbom fertiggestellt und erfuhr in den 1970er-Jahren umfangreiche Umbauarbeiten. Das Konzerthaus dient als aufregendes Beispiel klassizistischer Architektur in Schweden und ist zudem als Heimstätte der Königlichen Philharmoniker sowie als **alljährlicher Verleihungsort der Nobelpreise** einem breiten Publikum bekannt. Passend zu den schlanken Säulen zum Hötorget hin befinden sich auf dem Vorplatz die **Orpheus-Fontänen** des Künstlers Carl Milles, die sich nicht nur bei Kunstkennern, sondern leider auch bei den rast- und erfrischungssuchenden Tauben großer Beliebtheit erfreuen.

› U-Bahn Hötorget

⓫ Sankt Klara Kyrka ★ [D3]

Noch bis in die 1950er-Jahre war diese Kirche das Zentrum eines typischen Bahnhofsviertels mit einem allerdings auch unbestreitbaren Charme. Ältere Stockholmer mögen noch heute bei der Erwähnung des **Klaraviertels** mit verklärtem Blick in Erinnerungen schwelgen.

Weithin sichtbares Überbleibsel dieser Tage ist einzig die Kirche von St. Klara. Sie entstand Ende des 16. Jahrhunderts unter der Regentschaft Johanns III. auf dem Grund eines ehemaligen Klosters. Die Kirche wurde mehrfach umgebaut und renoviert, nicht zuletzt aufgrund schwerer Brandschäden in der Mitte des 18. Jahrhunderts, als sich Carl Hårleman für die Reparaturen an der Dachkonstruktion verantwortlich zeigte. Heute sind in der Kirche die schönen **Deckengemälde** zu bestaunen. Auf dem Friedhof fand der berühmte Stockholmer Barde Carl Michael Bellman (1740–1795) seine letzte Ruhe (s. Exkurs S. 70).

› Klara Östra Kyrkogatan 7, U-Bahn T-Centralen, Tel. 08 4117324, tägl. 10–17 Uhr, Sa. bis 19.30 Uhr, freier Eintritt

⓬ Sergels Torg ★★ [D3]

Der Sergels Torg, benannt nach Johan Tobias Sergel (1740–1814), Bildhauer und Sohn eines Einwanderers aus Eisenach, ist der zentrale Platz der Stadt. Von hier aus werden alle Distanzen zu anderen schwedischen Städten vermessen.

An diesem zentralen und verkehrsreichen Platz wird man leicht ersehen können, was mit dem Begriff **Bausünden** gemeint sein kann. Über einiges wird man vielleicht noch streiten können – der imposante Springbrunnen zieht verdientermaßen die Aufmerksamkeit auf sich und auch ist der Wille zu erkennen, die umgebenden Bauten attraktiver zu gestalten. Ein ausgesprochener Augenschmaus ist der Platz jedoch nicht.

Stockholm entdecken
Norrmalm

Der Sergels Torg ist in **zwei Ebenen** aufgebaut: Während die obere Ebene fast ausschließlich dem Verkehr gehört, treten in der unteren, teilweise offenen Ebene häufig Kleinkünstler auf oder ziehen andere Veranstaltungen das Interesse auf sich. Und nicht zuletzt sind auf der unteren Ebene die Übergänge zum Shopping fließend, beginnen hier doch einige Einkaufspassagen.
› U-Bahn T-Centralen

Tagsüber quirlige Urbanität, nachts innerstädtische Einsamkeit: auf dem Sergels Torg ⓬

⓭ Kulturhuset ★ [D3]

Mit Sicherheit der Höhepunkt des Sergels Torg ist das Kulturhuset, in dem sich alles um in- und ausländische Kultur dreht. Im Zuge der Neugestaltung des alten Klaraviertels suchten die Stadtplaner nach einem Gegengewicht zu ihren büro- und verkehrslastigen Plänen. So entstand die Idee eines umfassenden Kulturzentrums, die der Architekt Peter Celsing als einen **verglasten Gebäudekomplex** in die Realität umsetzte.

1971 wurden die ersten Gebäudeteile ihrer Bestimmung übergeben, drei Jahre später war das Kulturhuset fertig. Heute beherbergt es mehrere Theaterbühnen, Galerien, einen Lesesaal mit einigen internationalen Zeitschriften, einen Kunst-Buchhandel, ein Restaurant, mehrere Cafés und vieles mehr. Zudem befinden sich hier die Ticketkasse und ein Über-

Stockholm entdecken
Norrmalm

KLEINE PAUSE

Café Panorama
Den Menschenmassen der Innenstadt von oben auf den Kopf schauen kann man im 5. Stock des Kulturhuset: Die Terrasse des Café Panorama (s. S. 35) lädt zum Abschalten und Beinehochlegen ein.

gang zum Stockholmer Stadttheater (Stadsteatern, s. S. 44). Wer sich für witzige, intelligente und manchmal einfach nur die Sprache verschlagende Designprodukte interessiert, sollte auf keinen Fall den ebenfalls im Untergeschoss liegenden **DesignTorget** auslassen.
› Sergels Torg, U-Bahn T-Centralen, Tel. 08 50831508, www.kulturhuset.stockholm.se. Unterschiedliche Öffnungszeiten für die einzelnen Bereiche, die meisten haben montags geschlossen.

⓮ Kungsträdgården ★ [E3]

Im Kungsträdgården sollte allein schon wegen der einzigartigen Lage inmitten des umtriebigen Norrmalm eine Pause eingelegt werden.

Aus der ursprünglich den Königen vorbehaltenen Parkanlage wurde zu Beginn des 19. Jahrhunderts ein nüchterner Exerzierplatz, der bei der Stockholmer Bevölkerung wenig Anklang fand. Heute ist der weitläufige Platz wieder **einer der belebtesten und beliebtesten Treffpunkte**, den man am besten aus einem der vielen gemütlichen Cafés überblicken sollte. Im Winter werden hingegen Teile des Platzes in eine **Eislaufbahn** umfunktioniert. Außerdem genießen die umgebenden Etablissements im hauptstädtischen Nachtleben einen gewissen Ruhm.
› U-Bahn Kungsträdgården

⓯ Königliche Oper (Kungliga Operan) ★ [E4]

Direkt am Gustav Adolfs Torg befindet sich die Kungliga Operan, kurz Operan genannt. Die Tradition der Königlichen Oper in Stockholm reicht bis ins Jahr 1773 zurück, doch der erste Vorhang für eine Opernaufführung an dieser Stelle fiel am 30. September 1782.

Die Pläne für diesen prachtvollen Bau entwarf noch der umtriebige Carl Frederik Adelkrantz, entwickelt und vorangetrieben wurden die Pläne für eine königliche Oper von keinem Geringeren als **König Gustav III.** persönlich. Tragischerweise fiel Gustav III. 1792 ausgerechnet in „seinem" Opernhaus einem der spektakulärsten Attentate der schwedischen Geschichte zum Opfer: Der König erlag den Schussverletzungen, die ihm während eines Maskenballs zugefügt wurden.

Ziemlich genau 100 Jahre später entstand dann schließlich unter der Regentschaft Oscars II. das Opernhaus in jenem Aussehen, wie es heute noch zu bestaunen ist. Nach sechsjähriger Bauzeit wurde die Spielstätte am 19. September 1898 unter den Augen des Königs eröffnet. Die letzte umfangreiche Renovierung ereignete sich im Jahre 1989, sodass das Gebäude mit seinem beeindruckenden Äußeren und dem imposanten Foyer nun wieder in vollem Glanz erstrahlt. Vor allem Genießer der Oper und des klassischen Balletts kommen hier voll auf ihre Kosten.
› Gustav Adolfs Torg, U-Bahn Kungsträdgården, Tel. 08 7914400, www.operan.se. Die Ticketpreise reichen in der Regel von ungewöhnlichen/unerwarteten, da äußerst günstigen 50 Skr bis hin zu über 700 Skr.

Norrmalm

⑯ Skeppsholmen und Kastellholmen ★★★ [G5]

Neben Baudenkmälern, herrlichen Panoramen und Museen ist das auf den Bühnen und Wiesen Skeppsholmens stattfindende Stockholmer Jazz Fest einer der Höhepunkte im Stockholmer Veranstaltungskalender und ein Besuchermagnet erster Güte.

Flaniert man von Norrmalm und Blasieholmen vorbei am grandiosen **Nationalmuseum** (s. S. 47), erreicht man die beiden in der Saltsjön vorgelagerten Inseln Skeppsholmen und Kastellholmen. Sie bilden zusammen den „Stadtteil" Skeppsholmen, den ganze 70 Stockholmer ihr ständiges Zuhause nennen. Aufgrund des bunten und interessanten Angebots wird diese Zahl allerdings von den Tagesbesuchern problemlos um ein Vielfaches überboten.

Eine gute Möglichkeit, um auf die Insel Skeppsholmen zu gelangen, ist die aus 5 Eisensegmenten zusammengesetzte **Skeppsholmsbron**, die 1862 eine Behelfskonstruktion ablöste. Die **überdimensionierten goldenen Kronen** auf dem Geländer, abgelichtet vor dem Hintergrund des Stadtschlosses oder der Silhouette Östermalms, sind wohl eines der beliebtesten Fotomotive der Stadt.

Aufgrund der zentralen und daher **strategisch bedeutenden Lage** im Stockholmer Hafen überrascht es kaum, dass Skeppsholmen früher die **Funktion eines Flottenstützpunktes** ausübte. Glücklicherweise mussten die Marinequartiere nicht neuen, funktionalen Gebäuden weichen, sondern die Museen und andere Einrichtungen konnten diese für ihre Zwecke übernehmen. Wahrscheinlich macht dieser Umstand den speziellen Charme der Insel aus.

Mit dem zum Vorzeigehostel umgebauten Großsegler Af Chapman (s. S. 126), dessen Foto in wohl keiner Stockholmbroschüre fehlt, der ehemaligen Skeppsholmskyrkan, dem faszinierenden **Ostasiatischen Museum** (s. S. 47), dem höchsten Ansprüchen gerecht werdenden **Modernen Museum** (s. S. 46), dem interessanten **Architektur- und Designzentrum**, dem spektakulären, im ehemalig militärisch genutzen Tunnel gelegene **Bergrummet-Museum** (s. S. 46), dem kreativen Designforum Svenks Form oder den wunderbaren Liegewiesen am Wasser verfügen Skepps- und Kastellholmen über eine derart große Angebotsvielfalt, dass in jedem Fall ein längerer Stopp eingeplant werden sollte.

Hat man die Kastellholmsbron überquert, befindet man sich auch schon auf der kleineren **Kastellholmen**. Der Name ist wörtlich zu nehmen: Das so gut wie einzige Gebäude auf der Insel ist das **Kastell** aus dem Jahre 1848. Nachdem die erste Befestigung 1845 explodierte, musste an dieser exponierten Stelle beinahe zwangsläufig eine neue Verteidigungsanlage errichtet werden. Der Aufgabe stellte sich Fredrik Blom (1781–1853), unter dessen Leitung das neue Kastell in den Jahren 1846–1848 fertiggestellt wurde. Von der Anhöhe kann man bei der **tollen Aussicht** auf die schimmernde Wasserfläche und den regen Bootsverkehr herrlich entspannen. Wer sich da von den gelegentlichen Freudenschreien, die vom gegenüberliegenden Vergnügungspark Gröna Lund ㉗ herübergetragen werden, ablenken lässt, ist dann auch beinahe selber Schuld.

› Anfahrt: U-Bahn Kungsträdgården oder Bus Nr. 65

Kungsholmen

Das früher eher beschauliche und ruhige Kungsholmen hat inzwischen immer mehr an Attraktivität hinzugewonnen und sich zu einer festen Größe eines Stockholmaufenthalts gemausert.

Auch wenn man sicherlich noch nicht ausschließlich wegen Kungsholmen die schwedische Hauptstadt bereisen würde, so braucht sich der Stadtteil auch nicht mehr hinter anderen bekannten Stadtteilen Stockholms zu verstecken.

In der Vergangenheit, als dieses Siedlungsgebiet der Stadt Stockholm zugeschlagen werden sollte, diskutierte man, ob nicht „Västermalm" – in Anlehnung an die Stockholmer Tradition, Vororte nach einer Kombination aus Himmelsrichtungen und der Endung „-malm" zu benennen – der passende Name sein könnte. Letztendlich aber sprach der damalige König Karl XI. ein Machtwort und entschied sich für den Namen „Königsinsel". Bei den einfachen Leuten lebte der volkstümlichere Name Västermalm allerdings noch etliche Jahrzehnte weiter und auch heute noch kann man auf diese Bezeichnung stoßen.

⓱ Stadshuset (Rathaus) ★★★   [C4]

Die Hauptattraktion auf Kungsholmen ist zweifellos das berühmte, die Silhouette der Stadt prägende Stadshuset. Nur wenige Gehminuten vom Hauptbahnhof entfernt, wirkt dieses beeindruckende, burgähnliche Renaissancebauwerk immer imposanter, je näher man ihm kommt.

Nach zwölfjähriger Bauzeit wurde das Gebäude an den Ufern des Riddarfjärden 1923 seiner Bestimmung übergeben. Allein um die 8 Mio. Ziegel verbauten die Arbeiter, um die gewagten Entwürfe des Architekten Ragnar Östberg zu realisieren. Parallelen zu den heutigen Zeiten lassen sich auch ziehen: Um Geld zu sparen, wurde u. a. eigens auf Materialien und Handwerker aus dem von der Inflation gebeutelten Deutschland der frühen 1920er-Jahre zurückgegriffen. Genutzt hat das freilich wenig, schon damals überstiegen die tatsächlichen Bauaufwendungen die veranschlagten Kosten um das Doppelte.

Ausgangspunkt einer jeden Besichtigung wird der **gewaltige Innenhof** sein, von dem aus man den Innenbereich, die Außenanlagen, den Turm,

„Summer in the city" auf den Außenterrassen des Stadshuset

Kungsholmen

aber auch den Souvenirladen erreichen kann. Überwältigt einen das Gebäude noch nicht durch seine schiere Größe, seinen 106 m hohen Turm oder die Gartenanlagen, so schaffen dies ganz bestimmt die prachtvollen Räume und Inneneinrichtungen. Am bekanntesten wird die – zum Glück nicht wirklich blaue – **Blaue Halle** sein. In diesem repräsentativen Saal findet nach der feierlichen Preisverleihung im Konserthuset alljährlich das **Nobelpreis-Bankett** statt. Um die idealen Maße für die große Treppe des Saals zu finden, ließ der perfektionistisch veranlagte Architekt Östberg seine Frau eine Woche lang Stufen mit den verschiedensten Abmessungen probelaufen. Die seitlichen Säulengänge sowie die gewaltige Orgel mit ihren über 10.000 Pfeifen und 138 Registern sind weitere Höhepunkte der Blauen Halle. Von hier aus gelangt man schnell zu den weiteren Räumen und Fluren.

Im **Rådssalen**, dem Sitzungssaal der Stockholmer Stadtverordnetenversammlung, kommen zweimal pro Monat die Stadtverordneten zu Beratungen zusammen. Die Räumlichkeiten, vor allem die Deckenkonstruktion, sind einem Langhaus aus den Wikingertagen nachempfunden. Ist die Blaue Halle der größte Bankettsaal, so ist der **Gyllene Salen** – der Goldene Saal – der prachtvollste. An der Kopfseite des Saals dominiert das von Einar Forseth geschaffene Mosaik „Mälardrottningen" den Raum.

Die **Außenanlagen**, unter anderem mit Skulpturen des Künstlers Carl Eldh geschmückt, fallen terrassenartig zum Riddarfjärden ab und beeindrucken mit einem herrlichen Ausblick nach Riddarholmen, Gamla Stan und Södermalm. Erst von hier aus entdeckt man die vielen kleinen Verzierungen und Skulpturen an den

Belebt und beliebt:
die Sonnenseite des Stadshuset

Fassaden des Stadshuset. Vor größere Probleme sieht man sich lediglich gestellt, möchte man nicht ständig anderen Touristen durch ihr Fotomotiv laufen. Frühmorgens ist folglich der beste Zeitpunkt, die Ruhe am Wasser zu genießen, um dann anschließend mit den eintreffenden Reisegruppen die Innenräume zu betreten.

Überragt wird der gesamte Gebäudekomplex von dem **106 m hohen Turm** an der Südostecke, an dessen Turmspitze die drei goldenen Kronen, die Nationalsymbole des Königreichs Schweden, emporragen. Die **Turmbesteigung** ist ein absolutes Muss, auch wenn man an manchen Tagen dafür länger ansteht: Die letzten Meter scheinen wie ein nicht enden wollendes Labyrinth und der Ausblick setzt dem Ganzen dann die verdiente Krone auf. Wenn also die Schlange zur Turmbesteigung eine verträgliche Wartezeit erhoffen lässt, sollte man die Gelegenheit unbedingt beim Schopfe packen, da immer nur 30 Personen gleichzeitig auf die Plattform gelassen werden.

Am Fuß des Turmes befindet sich das **leere Grab Birger Jarls**, des legendären Stadtgründers Stockholms. Als der Architekt Ragnar Östberg seine Pläne für das Rathaus entwickelte, versuchte er auch, den sterblichen Überresten Birger Jarls hier ihre letzte Ruhe zu geben. Er hatte jedoch seine Rechnung ohne die Herren des Klosters Varnhem in Västergötland gemacht, dem Ort, an dem der Leichnam bislang bestattet lag. Sie waren von diesen Plänen ganz und gar nicht begeistert, verweigerten sich dieser Idee, und so kommt es, dass der Gründer Stockholms weiterhin im fernen Västgöterland begraben liegt, während das vergoldete Ehrengrab noch immer auf die Erfüllung seiner ursprünglichen Bestimmung wartet.

› Hantverkargatan 1, U-Bahn Rådhuset oder T-Centralen, Tel. 50829058, www.stockholm.se/stadshuset, Eintritt April–Okt. 100 Skr, Kinder 12–17 Jahre 40 Skr, Nov.–März 70 Skr bzw. 20 Skr. Besichtigung nur im Rahmen von **Führungen,** Dauer ca. 45 min, Ticketverkauf ab 8.80 Uhr, kein Vorverkauf. Führungen auf Schwedisch 12 und 14 Uhr, auf Englisch 10–15 Uhr stündlich (Juni–Aug. 9.30–16 Uhr alle 30 Minuten), im Sommer auch Touren in anderen Sprachen (siehe Kalender auf der Website). Die sehr zu empfehlende **Turmbesteigung** ist von Mai bis September ab 9.15 Uhr möglich, letzter Aufstieg 17.15 Uhr (bzw. 15.55 Uhr im Mai und Sept.), Eintritt 40 Skr, max 30 Pers. zugleich, es kann sich eine längere Schlange bilden.

> **EXTRATIPP**
>
> **Baden mit Stadtblick**
> Im Südwesten Kungsholmens, in unmittelbarer Nachbarschaft zum Rålambshovspark [ai], verbirgt sich der beliebte **Badestrand Smedsudden** am Mälarsee. Hier kann man nicht nur wunderbar planschen, sondern zudem den Ausblick auf die südlichen Vororte und die zahlreichen Ausflugsboote genießen.

Vasastan

Vasastan, offiziell eigentlich Vasastaden, beschreibt den seit 1926 eigenständigen Stadtteil im nördlichen Innenstadtbereich, den ca. 50.000 Stockholmer ihr Zuhause nennen. Neben einigen Gaststätten und Kneipen, den breiten Straßenzügen und Parks ist Vasastan auch für seine Vielzahl an kleineren Bühnen bekannt.

Vasastan

Vasastan wird eingegrenzt durch die Gewässer Karlbergssjön und Barnhusviken im Westen und vom Brunnsviken und der Verkehrsader Norra Länken im Norden. Die Grenze zu Norrmalm bildet die Tegnérgatan und zu Östermalm die Birger Jarlsgatan. Die zentrale Verkehrs- und Lebensader des Stadtteils ist die **Odengatan** [C1] mit dem **quirligen Odenplan** als ihrem Mittelpunkt.

⑱ Gustaf Vasa Kyrka ★ [C1]

Im Gegensatz zum manchmal regelrecht brodelnden Odenplan gleicht die **monumentale und beeindruckende Gustaf-Vasa-Kirche** eher einer Insel für Ruhesuchende. Im Jahre 1906 im italienischen Barock erbaut, ist die Kirche mit ihren beinahe 1200 Plätzen eine der größten der Stadt. Der Grundriss ist einem griechischen Kreuz nachempfunden, über dessen Mitte sich die 60 m hohe Kuppel wölbt. Die Kuppel selbst verzieren Malereien des Künstlers Viktor Andrén. Der aus dem frühen 18. Jh. stammende Hochaltar war eigentlich für den Dom in Uppsala bestimmt. Nachdem er zuvor etliche Jahre zur Aufbewahrung im Nordischen Museum verbracht hatte, fand er letztendlich seinen Platz in der Gustaf-Vasa-Kirche.
› Odenplan, U-Bahn Odenplan, www.gustafvasa.nu

⑲ Observatorium ★ [C1]

Es bedarf nur eines kurzen steilen Aufstiegs, um zu einem weiteren **Aussichtspunkt** Stockholms zu gelangen. Die Lage des zentralen Gebäudes im Observatorielunden hoch über der Stadt verrät schon viel über seine ehemalige Funktion: das alte Observatorium der Hauptstadt. 1748–1753 von Carl Hårleman erbaut, erhoffte man sich von der **exponierten Lage** bahnbrechende wissenschaftliche Erkenntnisse aus den Tiefen des Weltalls. Die hier seit 1756 gesammelten Wetter- und Temperaturaufzeichnungen gehören zu den ältesten weltweit.

1931 musste das Observatorium schließlich nach Saltsjöbaden ausquartiert werden, da das Lichtermeer der boomenden Großstadt eine seriöse Arbeit zunehmend erschwerte. Seit 1991 dient das Gebäude als **Museum,** in dem man die nunmehr historische Ausstattung des Observatoriums bestaunen und in den dunklen Abendstunden einen Blick durch die Teleskope wagen kann. In dem kleinen umliegenden Park kann man hervorragend verschnaufen, den Aus-

> **EXTRATIPP**
> **Lesen in Weltkultur**
> Die Stockholmer Stadtbibliothek in der Odengatan/Ecke Sveavägen zählt zu den **herausragenden architektonischen Adressen** der Stadt. Der schwedische Stararchitekt Gunnar Asplund schuf 1928 dieses Aufsehen erregende und für seine Zeit fortschrittliche Gebäude, das sowohl durch sein Inneres als auch durch sein Äußeres Maßstäbe setzte. In ihren Wänden beherbergt die Stadsbibliotek eine immense Auswahl an nationalen wie internationalen Büchern und Zeitschriften.
> 📖 **154** [C1] **Stockholms stadsbibliotek,** Sveavägen 73, Tel. 50831100, www.biblioteket.stockholm.se, Mo.–Do 9–21 Uhr, Fr. 9–19 Uhr, Sa./So. 12–16 Uhr

▷ *Eine Stadt am Wasser: Blick auf den exklusiven Stadtteil Östermalm*

Östermalm

Nobel und exklusiv, chic und vornehm – mit diesen Umschreibungen wird Östermalm häufig auf einen Nenner gebracht.

In den frühen Tagen Östermalms war diese rasante Entwicklung wohl kaum abzusehen: Ladugårdsgärdet oder Ladugårdslandet war die ursprüngliche Bezeichnung dieser Gegend, wobei *Ladugård* wortwörtlich mit „Kuhstall" übersetzt werden kann. Damals war das Gebiet noch ein beliebtes, weil stadtnahes Ausflugsziel. Seit der Mitte des 19. Jahrhunderts ist ein vermehrter Zuzug in diese zunehmend attraktivere Wohngegend zu verzeichnen, die seit 1885 offiziell den Namen Östermalm angenommen hat. Begrenzt und durchzogen wird der Stadtteil durch so großartige und klangvolle **Boulevards und Chausseen** wie Birger Jarlsgatan, Narvavägen, Karlavägen, Valhallavä-

> **EXTRATIPP**
>
> **Pippis Mutter**
> Die Dalagatan 46 ist dank des Lokals Wasahof (s. S. 35) nicht nur eine exquisite Adresse zum Essengehen. Vor allem Kinder und Jugendliche zieht dieses Gebäude magisch an, verbrachte doch die grandiose und weltbekannte schwedische Kinderbuchautorin **Astrid Lindgren** große Teile ihres Lebens unter diesem Dach.

blick genießen oder sich von den aufsteigenden Geräuschen der Hauptstadt inspirieren lassen.

› Drottninggatan 120, U-Bahn Rådmansgatan oder Odenplan, Tel. 54548390, www.observatoriet.kva.se, Museumsführungen So. 12, 13 u. 14 Uhr, Di.–Do. 13 Uhr, Eintritt 60 Skr, 7–18 Jahre 30 Skr, Museumsführungen inklusive Teleskopobservationen Di. und Do. 18, 19 und 20 Uhr, Eintritt 90 Skr, 7–18 Jahre 45 Skr

Östermalm

gen oder eben Strandvägen ㉒, der Prachtstraße am Wasser.

Vor allem letztgenannter Boulevard geht eine geradezu symbolhafte Symbiose mit Östermalm ein: Die wohl exquisiteste Adresse der Stadt mit ihren herrschaftlichen Häusern steht für das Bild, das man sich von Östermalm am liebsten machen will, oder auch dafür, wie mancher „Östermalmer" gerne gesehen werden möchten. Abgerundet wird dieses Bild von dem repräsentativen Botschaftsviertel, der vornehmen Wohngegend am Humlegården oder den zahlreichen interessanten Museen von hohem Format. Daneben dominiert der Platz Stureplan ⑳, das Einkaufsparadies der Schickeria und das Ziel eines jeden, der im Stockholmer Nachtleben etwas auf sich hält. „Sehen und gesehen werden" darf dann auch hier vielen als primäres Ziel unterstellt werden.

⑳ Stureplan ★★ [E2]

Das pulsierende Herz Östermalms bildet der Stureplan, der zentrale Platz, der durch das Aufeinandertreffen von Birger Jarlsgatan, Sturegatan und Kungsgatan gebildet wird.

Rund um den Stureplan haben sich viele **Bars und Klubs** angesiedelt, die allesamt einen traditionell erstklassigen Ruf im Stockholmer Nachtleben genießen. Die vielen Boutiquen und Niederlassungen der angesagten **Haute Couture** am und um den Stureplan laden zum Schaufensterbummeln oder Einkaufen ein. Das hervorstechendste Beispiel ist die **Sturegallerian** (s. S. 20), die ausgelassene Shoppingwelt für den Stockholmer mit Rang und Namen und entsprechendem Portemonnaie.
› U-Bahn Östermalmstorg

㉑ Kungliga Humlegården ★ [E2]

Wenige Meter vom Stureplan entfernt dehnt sich die Parkanlage des prächtigen Kungliga Humlegården aus. Die **weitläufige Grünfläche** am Rande der Innenstadt verspricht mit ihren Schatten spendenden Bäumen, Skulpturen, Wiesen und Spielplätzen Erholung pur. Die südliche Begrenzung des Areals bildet die beeindruckende **Kungliga Biblioteket**, die schwedische Nationalbibliothek, deren gläserner Niedergang auf der Rückseite die Besucher 40 m in die Tiefe führt, wo das fünf Stockwerke hohe Bücherarchiv in den Fels gehauen wurde. Aktuell befinden sich ca. 20 Millionen Werke in den Regalen, die audiovisuelle Sammlung summiert sich auf 7 Millionen Stunden.
› www.kb.se, im Sommer Mo.–Do. 9–18, Fr. 9–17, Sa. 11–15 Uhr, im Winter Mo.–Do. 9–19, Fr. 9–18, Sa. 11–15 Uhr

Etwas abseits der gängigen Besucherrouten von der nordwestlichen Ecke der Parkanlagen des Humlegården entlang dem Karlavägen reckt sich der dunkle Backsteinbau der **Engelbrektskyrkan** [E1] empor. Die imposante Kirche wurde auf einem Hügel erbaut, wodurch ihre auffällig schmale Erscheinung nochmals unterstrichen wird.
› U-Bahn Östermalmstorg

› *Nordischer Winter: eingefrorene Schiffe vor dem Nordischen Museum*

Djurgården

㉒ Strandvägen ★ [G3]

Wer unter der Adresse Strandvägen residiert, der hat es ökonomisch geschafft!

Die **wunderschönen Fassaden** sprechen bereits eine deutliche Sprache und wenn dann noch der einzigartige Ausblick auf die Stockholmer Wasserflächen hinzukommt ... dann sind die Wohnungen und Residenzen für Sven Svensson nicht mehr zu bezahlen. Die Nachbarschaft von Björn Borg hat einfach ihren Preis.

Edle und exklusive Geschäfte haben unter dieser Adresse ihre Heimat gefunden, das traditionsreiche Hotel Diplomat (s. S. 128), im schmucken Jugendstil errichtet, verspricht unvergessliche Tage und Nächte in Toplage.

Djurgården

Die Insel im Osten der Stadt kann zu Recht als grüne Lunge Stockholms bezeichnet werden. Auch wenn der eintrittspflichtige Skansen weite Teile Djurgårdens umfasst, bleiben in dem ehemaligen königlichen Jagdrevier noch immer ausreichend Möglichkeiten zum Erholen und Erleben: Paddeln, Spazieren, Fahrradfahren, Joggen, eindrucksvolle Museen, die weitläufigen Grünanlagen, nette Cafés, begehrte Ausflugslokale oder der Freizeitpark Gröna Lund verschaffen Djurgården – dem Tiergarten – ein besonderes Ambiente.

Von einer Besiedlung der Insel kann genau betrachtet eigentlich nur im äußersten Südwesten Djurgårdens gesprochen werden. Insgesamt leben rund 800 Stockholmer dort. Ursprünglich bezeichnete man Djurgården als Waldemarsön, wobei die genaue Herkunft des Namens ungeklärt ist. Die Rückführung auf einen König Waldemar liegt zwar auf der Hand, ist jedoch unbewiesen. Im Namen Waldemarsudde lebt jedoch ein Teil dieser Bezeichnung bis heute weiter.

Dank eines königlichen Privilegs durfte im 18. Jahrhundert auf Djurgården Branntwein hergestellt und ausgeschenkt werden. Der Startschuss einer späteren Besiedlung, wenn auch zunächst nur auf der Basis von Kneipen und ähnlichen Einrichtungen, war gefallen. Jedoch ließ es nicht lange auf sich warten, bis die Stockholmer Bevölkerung die weiteren Vorzüge des stadtnahen Erholungsgebiets erkannte. Ihnen sind die wenigen, aber wunderschönen **herrschaftlichen Villen** auf Djurgården zu verdanken. Heute ist Djurgården vielen vor allem als Namensgeber einer der erfolgreichsten und bekanntesten Sportvereine Schwedens ein Begriff: Djurgårdens IF.

㉓ Nordisches Museum (Nordiska Museet) ★ [G4]

Das prachtvolle Äußere sowie die mächtige Innenhalle stellen die eigentliche Ausstellung eindeutig in den Schatten, ein kurzes Vorbeischauen lohnt sich aber allemal.

Stockholm entdecken
Djurgården

Von der Djurgårdsbron kommend, ragt gleich zur Rechten der monumentale Bau des Nordischen Museums in den Stockholmer Himmel. In der Übergangszeit vom 19. zum 20. Jahrhundert fertiggestellt, präsentiert das Nordiska Museet die **Lebenswelten Skandinaviens** mit dem eindeutigen Schwerpunkt auf Schweden. Der Fundus des Muse-

Die Vasa

*Sonntag, der **10. August 1628**, war ein sonniger Tag. Im Hafen von Stockholm hatten sich Tausende von Schaulustigen eingefunden, um einem spektakulären Ereignis beizuwohnen. Das Kriegsschiff „Vasa" sollte an diesem Tag auf seine Jungfernfahrt gehen und erstmals in offene Gewässer segeln.*

*Die „Vasa" war nicht irgendein Kriegsschiff. Es war eines der mächtigsten maritimen Konstruktionen seiner Zeit und das mit Abstand **kampfstärkste Schiff der schwedischen Flotte**: 69 m lang, fast 12 m breit, vom Kiel bis zur Mastspitze 52 m hoch. Das aufwendig verzierte Heck ragte 20 m über die Wasseroberfläche. Die Vasa verfügte über 1275 m² Segelfläche und erlaubte eine maximale Bemannung mit ca. 450 Personen (150 Seeleute plus 300 Soldaten). Die Bewaffnung von 64 Kanonen war - für die damalige Zeit revolutionär - auf zwei Kanonendecks verteilt und stellte während des Dreißigjährigen Krieges, der zur Indienststellung der „Vasa" in Mitteleuropa wütete, eine den Gegner einschüchternde Feuerkraft dar.*

*Es sollte die **kürzeste Jungfernfahrt aller Zeiten** werden. Vier der zehn Segel wurden gesetzt, Salut wurde geschossen und der Stolz der schwedischen Marine glitt bei schwachem Wind majestätisch durch den Stockholmer Hafen. Jedoch nur für ca. 20 Minuten oder eine Wegstrecke von 1300 m: Eine leichte Brise ergriff das Schiff, die „Vasa" krängte sich stark und durch die geöffneten Kanonenpforten des unteren Kanonendecks drangen große Mengen Wasser in das Innere des Schiffs. Die „Vasa" kenterte und sank innerhalb weniger Minuten mit Mann und Maus. Obwohl sich die Unglücksstelle in unmittelbarer Landnähe befand, starben, je nach Quelle, zwischen 30 und 50 Mann der 150-köpfigen Besatzung. (Nach der Bergung 1961 fand man 25 Skelette in dem Wrack.)*

*Dieses Desaster, sowohl menschlich wie auch für die Reputation des schwedischen Königshauses, schrie schon in der damaligen Zeit nach Aufklärung. Welche Fehler wurden begangen, was lief falsch und - damals wie heute von großer Bedeutung - **wer trug die Schuld** bzw. wer konnte zum Sündenbock gemacht werden? Obwohl mehreren Verantwortlichen der Prozess gemacht wurde, kam es zu keiner Verurteilung. Die **Gründe für den Untergang** der „Vasa" sind vielschichtig und stellen sich aus heutiger Sicht so dar:*

> *Während der fast dreijährigen Bauzeit **verstarb der holländische Chefkonstrukteur** Henrik Hybertsson und wurde durch den weniger erfahrenen Hein Jakobsson ersetzt.*
> *Auf Wunsch von Gustav Adolf II. wurde die „Vasa" um ein **zweites Kanonendeck** aufgestockt, obwohl es hierfür keine schiffsbaulichen Erfahrungen gab. Dadurch wanderte der Schwerpunkt des Schiffes nach*

Stockholm entdecken
Djurgården

ums besteht aus etwa 1,5 Millionen Exponaten der schwedischen Kulturgeschichte von 1500 bis heute. Dabei reicht das Spektrum von Alltagsgegenständen des 16. Jahrhunderts bis hin zu einer außergewöhnlichen Orgelsammlung. Gelegentliche Sonderausstellungen und Sonderveranstaltungen runden das bunte Programm ab.

oben und die Stabilität ging infolgedessen verloren.
› *Die Stabilität damaliger Schiffe wurde durch tonnenschweren Ballast im Rumpf gewährleistet, zumeist in Form von großen Steinen und Felsbrocken. Trotz des zusätzlichen Kanonendecks **blieb der Ballast unverändert** und war somit eindeutig unzureichend.*
› *Durch die **geöffneten Kanonenpforten** des unteren Batteriedecks konnte bereits bei leichter Krängung Wasser ungehindert ins Schiffsinnere fließen. Wären die Pforten geschlossen gewesen, hätte man vermutlich die Katastrophe verhindern und anschließend entsprechende Konstruktionsänderungen umsetzen können.*
› *Wenige Tage vor der Jungfernfahrt führte Admiral Klas Fleming einen Stabilitätstest auf der „Vasa" durch. Dabei liefen 30 Seeleute abwechselnd von einer auf die andere Seite. Es kam zu einer so gefährlichen Seitenneigung, dass Fleming den Test aus Angst um das Schiff abbrechen ließ. Weitere, logische Konsequenzen aus dem fehlgeschlagenen Test wurden nicht gezogen.*

*In den folgenden Jahrhunderten geriet die „Vasa" mehr und mehr in Vergessenheit. Erst in den 1950er-Jahren kam sie wieder in den Fokus der Öffentlichkeit. Der Wrackspezialist Anders Franzén konnte nach intensiver Archivrecherche und vielen Tauchgängen 1956 die „Vasa" im Stockholmer Hafen lokalisieren. Es dauerte jedoch noch fünf Jahre, bis das Schiff die Wasseroberfläche durchbrach. Die **Hebung des zerbrechlichen Wracks** war ein technisch sehr komplexer und diffiziler Vorgang, bei dem sechs kleine Tunnel unter dem Rumpf hindurchgebohrt wurden. Durch diese Tunnel wurden Stahlseile gezogen, mit denen man das Schiff in 16 Etappen vorsichtig aus dem Schlick hob. Am 24. April 1961, fast genau 333 Jahre nach dem Untergang, kam die „Vasa" wieder an die Oberfläche.*

*1962 wurde das vormals so stolze Kriegsschiff in die Vasa-Werft, ein erstes provisorisches Museum, transportiert und dort 17 (!) Jahre **lang kontinuierlich mit einem chemischen Konservierungsmittel besprüht**. Im Jahr 1988 ging die „Vasa" wohl auf ihre letzte Reise in das neu erbaute „Vasamuseet" auf der Insel Djurgården, das im Sommer 1990 von König Karl Gustav XVI. persönlich eröffnet wurde.*

*Das neue **Vasa-Museum** ist eines der beeindruckendsten und faszinierendsten historischen Museen der Welt, das alljährlich über eine Million Besucher in seinen Bann zieht. In dem Museum bekommt man einen fast unverstellten Blick in eine lang vergangene Epoche. Die Katastrophe vor fast 400 Jahren ist das Glück der Besucher von heute.*

Djurgården

› Djurgårdsvägen 6–16, Bus 44/Straßenbahnlinie 7 oder Fähre von Nybroviken, www.nordiskamuseet.se, Tel. 08 51954600, tägl. 10–17 Uhr (Mi. bis 20 Uhr), in der Hauptsaison 10–19, Sa.–So. 11–17 Uhr, Eintritt: 100 Skr, bis 18 Jahre Eintritt frei. Für Eltern könnte die Spielstube interessant sein: Für 20 Skr kann man dort seine Kinder „parken" und in Ruhe das Museum besichtigen.

㉔ Vasa-Museum (Vasamuseet) ★★★ [G4]

Das um das Flaggschiff Vasa herum errichtete Vasa-Museum zählt zu den absoluten Highlights von Stockholm. Schon von Weitem besticht das Haus durch seine spezielle, einmalige Architektur.

Übertroffen werden die dann schon hohen Erwartungen der Besucher noch einmal im Museum selber: Unvermittelt sieht man sich im **leicht abgedunkelten Innern** des Museums dem gewaltigen, ehemaligen Stolz der schwedischen Marine gegenüber, der 1628 auf seiner Jungfernfahrt sank und gut 330 Jahre später unter nicht minder Aufsehen erregenden Umständen die Wasserlinie erneut durchbrach – für die Nachwelt glücklicherweise nun wieder in umgekehrter Richtung (s. Exkurs S. 90).

Die Ausstellungstexte sind neben Schwedisch auch ins Englische übersetzt, die Aufmachung ist aber auch ohne die sprachliche Erläuterung verständlich und beeindruckend. Neben neun Ausstellungen zum Thema „Vasa" gibt es ein Restaurant, einen großen Museumsladen und ein Kino, in dem ein interessanter **Film** über die „Vasa" in 16 Sprachen gezeigt wird. Der Besuch des Vasa-Museums ist folglich ein unbedingtes Muss und insbesondere **für Kinder ein unvergessliches Ereignis.**

Im Außenbereich des Haupteinganges wurde in Gedenken der Opfer der **Estonia-Katastrophe** vom September 1994 eine Gedenkstätte errichtet.

Stockholm entdecken
Djurgården

› Galärvarvsvägen 14, Bus 44/Straßenbahnlinie 7 oder mit der Fähre von Nybroviken, Tel. 08 51954800, www.vasamuseet.se, Eintritt: Erwachsene 110 Skr, bis 18 Jahre frei, Juni-Aug. 8.30-18, Sept.-Mai tägl. 10-17 Uhr, Mi. bis 20 Uhr

25 Junibacken ★ [G4]

Kinderträume werden wahr und Kinderaugen vermutlich immer größer, wenn man hier urplötzlich Pippi Langstrumpf oder den anderen schwedischen Helden der eigenen Kindertage Auge in Auge gegenübersteht.

In unmittelbarer Nähe der beiden musealen Höhepunkte Vasa- und Nordiska Museet gesellt sich dieses Kinderparadies. Junibacken ist unbedingt zu empfehlen, wenn die Urlaubstage etwas verregnet sind und der Nachwuchs sinnvoll unterhalten sein will. Sprachprobleme sind in dieser Kinderwelt eher nicht zu erwarten und das größte Problem wird wohl sein, einen Abstellplatz für den Kinderwagen zu finden oder aber die kleinen Besucher wieder nach Hause zu lotsen.

Neben einer „echten" und sehr lebendigen Pippi Langstrumpf in der Villa Kunterbunt kann man die fantasievolle Sagenwelt besuchen oder mit dem Sagenzug eine Runde drehen. Das Junibacken-Theater zeigt lustige Aufführungen, die die Kleinen garantiert begeistern werden.

◁ *Trotz verblichener Farben beeindruckt das Kriegsschiff Vasa auch 400 Jahre nach Kiellegung noch Jung und Alt*

› Galärvarvsvägen, Bus Nr. 44/Straßenbahnlinie 7, Tel. 08 58723000, www.junibacken.se, Sept.-Mai Di.-So. 10-17 Uhr, Juni-August tägl. 10-17/18 Uhr, Eintritt: Erwachsene 145 Skr, Kinder (3-15 Jahre) 125 Skr

26 Aquaria Vattenmuseum ★ [G5]

Das kleine, aber feine Aquarium vermittelt einen anschaulichen Einblick in die sonst verborgenen **Wasserwelten**. Sowohl die tropischen Meere mit ihren mangrovengesäumten Küsten als auch die einheimische Ostsee finden hier ihre Berücksichtigung. Ebenso genial wie nervenaufreibend ist der klitzekleine **Glastunnel**, durch den Kinder und andere jung gebliebende Spaßvögel einen kleinen Teil des Aquariums krabbelnd erkunden können.

Dem einen wird das Vattenmuseum vielleicht etwas klein erscheinen, in der Übersichtlichkeit kann aber bekanntlich auch eine Stärke liegen. Wem all dies noch nicht reicht, dem bleibt abschließend noch immer das nette **Café mit spektakulärem Blick** auf den Hafen.

› Falkenbergsgatan 2, Bus 44/Straßenbahnlinie 7 oder mit der Fähre von Nybroviken, www.aquaria.se, Tel. 010 7087100, Di.-So. 10-16.30 Uhr, Mitte Juni-Mitte Aug. tägl. 10-18 Uhr, Eintritt: Erwachsene 90 Skr, Kinder 50 Skr (von 6-15 Jahren) bzw. 25 Skr (von 3-5 Jahren)

27 Gröna Lund ★★ [H5]

Auf die Frage, was man sich unter einem **klassischen Freizeitpark** vorzustellen habe, sollte möglichst bald der Name Gröna Lund ins Spiel gebracht werden. Gröna Lund lässt wahrlich keine Wünsche offen und weist ein kaum zu überschauendes, geschweige denn zu bewältigendes Angebot auf – und dies gilt für alle Altersstufen. Karussells, Schiffsschaukel, Riesenrad und Geisterbahn konkurrieren um die unternehmungslustigen Besucher. Achterbahn und Katapult sind von weither sichtbar, die Jubelschreie der mutigen Teilnehmer schon von Weitem zu hören. Natürlich dürfen Fast-Food-Buden und Restaurants ebenso wenig fehlen wie Spielhallen und Souvenirshops. Daneben präsentieren sich im Lauf des Jahres die unterschiedlichsten Künstler auf den verschiedenen Bühnen.

› Djurgårdsvägen, Bus Nr. 44/Straßenbahnlinie 7 oder direkt mit der Fähre von Nybrokajen oder Slussen, Tel. 08 58750100, www.gronalund.com. Die Öffnungszeiten variieren stark: In den Sommermonaten vom späten Vormittag oder der Mittagszeit (11–14 Uhr) bis in die späten Abendstunden (22–24 Uhr). Eintritt: 7–64 Jahre 100 Skr, bei Konzertveranstaltungen am Abend 200 Skr (unter 7 und über 64 Jahren gratis). Da die Attraktionen extra bezahlt werden müssen, lohnt sich zusätzlich ein Handgelenkband für 310 Skr, das alle Fahrgeschäfte inkludiert. Daneben existiert ein System gestaffelter Couponkarten, die an den jeweiligen Attraktionen einzulösen sind.

㉘ Skansen ★★ [H5]

Skansen ist eines der größten Freilichtmuseen weltweit und eines der beliebtesten und belebtesten Ausflugsziele Stockholms.

Im Gegensatz zu Gröna Lund zeigt sich Skansen eher von der ruhigeren Seite. In dem 1891 von Arthur Hazelius gegründeten Freizeitpark wurden zunächst **historische Gebäude** aus allen Landesteilen zusammengetragen, im Lauf der Zeit folgten ein auf die nordische Tierwelt spezialisierter **Zoo** und ein **Aquarium**. Große Freiflächen laden zum Picknick ein und auf den Bühnen, vor allem auf der **Solliden-Bühne**, werden große Veranstaltungen aller Art aufgeführt (z. B. das populäre, im Fernsehen übertragene Allsången im Sommer). Selbstverständlich begeht man auch hier die großen **schwedischen Feiertage** wie Walpurgisnacht, Midsommar, Nationalfeiertag oder Luciafest.

Skansen ist speziell **für Familien** eine willkommene Attraktion. An Wochenenden kann es schnell sehr voll werden und man sollte darüber nachdenken, Verpflegung selber mitzubringen – ansonsten könnte es zusammen mit den Eintrittspreisen ein insgesamt teures Vergnügen werden.

› Djurgårdsvägen, Bus 44/Straßenbahnlinie 7 oder mit der Fähre von Nybroviken, Tel. 08 4428000, www.skansen.se, Nov.–Feb. Mo.–Fr. 10–15, Sa./So. 10–16 Uhr, März/April tägl. 10–16 Uhr, 1. Mai–20. Juni tägl. 10–19 Uhr, 21. Juni–31. August tägl. 10–22 Uhr, September tägl. 10–18 Uhr, Oktober tägl. 10–16 Uhr, Eintritt: Erwachsene 140 Skr, Kinder 6–15 Jahre 60 Skr (in der Nebensaison jedoch preiswerter)

Södermalm

Wer hier erst einmal lebt, will nie wieder weg – schon aus Prinzip! So oder so ähnlich wird wohl die Lebensphilosophie der meisten Bewohner Södermalms ausfallen. Lokalpatriotismus wird hier ganz groß geschrieben.

Södermalm – oder einfach nur Söder – hat für viele der schätzungsweise 90.000 Bewohner den anderen Stadtteilen in vielerlei Hinsicht längst den Rang abgelaufen. Darüber

Stockholm entdecken
Södermalm

darf natürlich gestritten werden, einen eigenen Eindruck sollte man sich jedoch auf jeden Fall machen.

Zahlreiche **Künstler und Lebenskünstler, Intellektuelle, Alternative und junge Leute** haben ihr Zuhause in Södermalm gefunden. Ihnen wird eine gewisse Unkonventionalität und Gelassenheit nachgesagt, die auch an einer hohen Lebensfreude und Lebensqualität abzulesen ist und sich in den vielen Kneipen, Cafés, Boutiquen oder Secondhandläden widerspiegelt.

Der südliche Vorort hat eine phänomenale Metamorphose vom häufig belächelten Randbezirk, über den leicht verächtlich die Nase gerümpft wurde, über einen klassischen Arbeitervorort bis hin zum begehrten Wohnquartier vollzogen. Södermalm ist heute in vielen Bereichen Trendsetter und hat sich dennoch sein kleinstädtisches Flair bewahrt. Neben den zahlreichen Kunst- und Designgalerien oder den vielen Läden mit Kuriositäten und Überraschendem glänzt Söder mit einer Flut von **gemütlichen Cafés und einladenden Kneipen**. Speziell entlang der Götgatan [E6], am Medborgarplatsen [E7] und Mariatorget ❸ oder in dem Viertel um die Skånegatan [F7], dem kneipentechnischen Bermudadreieck Stockholms, wird man in dieser Hinsicht voll auf seine Kosten kommen.

❷ Stockholmer Stadtmuseum (Stockholms Stadsmuseum) ★ [E6]

Wissenswertes über Stockholm auf anschauliche Art und Weise verpackt – so lautet das hier vorgelebte Museumskonzept.

Am nordwestlichen Rand des mit zahlreichen Leuchtreklamen versehenen Platzes residiert im ehemaligen Bezirksrathaus das Stockholmer Stadtmuseum. Das Museum zog in den von Nicodemus Tessin dem Älteren entworfenen Prunkbau Ende der 1930er-Jahre ein und vermittelt seinen Besuchern einen lebhaften Eindruck der Stockholmer Stadtgeschichte seit der legendären Gründung 1252 durch Birger Jarl. Neben einzigartigen und spannenden Exponaten wie Bildern, Karten oder Originalfundstücken begeistern die regelmäßig stattfindenden Sonderausstellungen zu aktuellen Themen sowie originelle Stadtspaziergänge.

› Ryssgården, U-Bahn Slussen, Tel. 08 50831600, www.stadsmuseum.stockholm.se, 100 Skr (ganzjährig gültig und deckt das Mittelaltermuseum ❷ mit ab), Di.–So. 11–17 Uhr, Do. bis 20 Uhr

❸ Katarinahissen ★★ [E6]

Einmaliger Aussichtspunkt, exquisites Restaurant und optimaler Ausgangspunkt zum Erkunden des Nachtlebens in Södermalm – Stockholmbesucher, was willst du mehr?

Blickt man vom Stadsmuseum über den Vorplatz, sticht einem sofort die Stahlkonstruktion des Katarinahissen ins Auge. Der Fahrstuhl ist leider etwas in die Jahre gekommen und daher nicht zu nutzen. Bis 2016 soll er aufwendig saniert und damit wieder einsatzfähig gemacht werden – ob man dann aber noch für den alten Preis von 10 Skr nach oben befördert wird, ist sehr zu bezweifeln. Über eine nahe Treppe ist man fast genauso schnell am Södra Teatern (s. S. 44) und Mosebacke Torg angelangt und kann dabei – praktisch im Vorbeigehen – eines der besten Restaurants der Stadt kennenlernen, das erstklassige **Gondolen** (s. S. 31).

Södermalm

Hoch über der Stadt am **Mosebacke Torg** [E6] steht man an einem wahren Vergnügungszentrum Södermalms. Das traditionsreiche **Mosebacke Etablissement** mit Bar, Restaurant und Terrasse sowie das ebenso ehrwürdige **Södra Teatern** (s. S. 44) bestimmen die Szenerie des Platzes. Früher standen hier zwei Windmühlen, wovon die eine, benannt nach ihrem Besitzer Moses Holm, zum Namensgeber des gesamten Hügels wurde. Im Jahre 1890 nahm hier eine tragische Geschichte ihren Verlauf, als der junge und schneidige Victor Rolla ebenso spektakulär wie tödlich verunglückte: Seine Nummer als Artist des dortigen Varietés sah vor, auf einem Trapez, das durch einen Ballon getragen wurde, die Leute zu unterhalten. Leider löste sich der Ballon samt Victor Rolla, der sich noch winkend von den Volksmassen verabschiedete. An einem der folgenden Tage fand man seinen Leichnam schließlich im Schärengarten treibend wieder und man begrub ihn unter großer Anteilnahme seiner vor allem weiblichen Fans.

› U-Bahn Slussen

> **KURZ & KNAPP**
>
> **Der Galgen**
> Die **Fjällgatan** [F6] glänzt nicht nur wegen ihrer einmaligen Aussicht über Djurgården und die Innenstadt. Hier, in dem damaligen Außenbezirk auf der Klippenspitze bei der Stigbergsgatan, befand sich auch der Galgen. Gut einsehbar für ankommende Schiffsbesatzungen wird er somit wohl kaum seine abschreckende und einschüchternde Wirkung verfehlt haben.

③¹ Katarina-Viertel ★ [F6]

Das kleine Viertel um die Kirche mit seinen engen Gassen, dem Kopfsteinpflaster und den alten Holzhäusern vermittelt einen Eindruck davon, wie es in längst vergangenen Zeiten einmal ausgesehen haben mag.

In Sichtweite des Mosebacke-Platzes befindet sich die beeindruckende **Katarina Kyrka** mit dem wunderschönen Friedhof ringsum. Am Ende des 14. Jahrhunderts wurde an dieser Stelle eine erste Kapelle errichtet. In der Mitte des 17. Jahrhunderts erhielt dann der damalige „Stararchitekt" Jean de la Vallé den Auftrag, ein neues Gotteshaus zu erbauen. Der Grundstein dazu wurde 1656 gelegt, endgültig fertiggestellt wurde die Kirche schließlich 1695.

Eine Reihe von „Katastrophen" zieht sich durch die Geschichte der Katarina-Kirche. Spielten Ende des 17. Jahrhunderts noch die Hexenprozesse eine wichtige Rolle, trafen die Kirche im weiteren Verlauf zwei Großfeuer, die sie 1723 und 1990 verwüsteten. Unter großer Anteilnahme und einer beispiellosen Spendenaktion in Stockholm und ganz Schweden richtete man die Kirche im letzten Jahrzehnt des 20. Jahrhunderts in ihrem historischen Aussehen wieder her.

Folgt man der Mäster Mikaels Gata, einer Gasse benannt nach einem dort wohnenden Stockholmer Scharfrichter, der letztlich auch zur Arbeitsbeschaffungsmaßnahme seines unmittelbaren Nachfolgers wurde, gelangt man schließlich zur Fjällgatan. In östlicher Richtung erblickt man den beliebten **Aussichtspunkt Fåfängan**.

› U-Bahn Slussen
› **Katarina Kyrka**, Högbergsgatan 13, Tel. 08 7436840, www.svenskakyrkan.se/katarina, Mo.–Sa. 11–17 Uhr, So. 10–17 Uhr

Stockholm entdecken
Södermalm

㉜ Mariaberget ★★ [D6]

Von Slussen kommend schließt sich in westlicher Richtung zwischen Hornsgatan und Riddarfjärden das Viertel Mariaberget an. Alte Gebäude, Kopfsteinpflaster und steile Treppen wechseln sich auf dem leicht hügeligen Terrain ab.

Der eindrucksvolle, märchenhafte Gebäudeaufbau erschließt sich einem vielleicht erst bei einer Betrachtung aus größerer Distanz, etwa von Riddarholmen oder dem wasserseitigen Ausgang der U-Bahn-Station Gamla Stan. (Zweifelsohne sind dies die günstigsten Plätze zum Fotografieren.) Unbedingt aufzusuchen ist der kleine, leicht zu übersehende **Monteliusvägen** hoch über dem Södra Mälarstrand. Speziell in den Abendstunden ist dies ein wunderbarer Ort, um den Ausblick über die wasserreiche Innenstadt zu genießen oder Erinnerungsfotos zu schießen.

Auf der anderen Straßenseite der Hornsgatan liegt die **Maria Magdalena Kyrka**. Seit dem 14. Jahrhundert dient dieser Ort als Begräbnisstätte, eine der prominentesten Grabstätten ist die des Stockholmer Originals und Troubadours Evert Taube.

❯ U-Bahn Slussen oder Mariatorget

㉝ Mariatorget ★★ [D6]

Rund um den gemütlichen Mariatorget und die anliegenden Seitenstraßen warten zahlreiche Cafés, Kneipen und Restaurants auf Gäste.

Am augenfälligsten ist wahrscheinlich das 1937 eröffnete **Hotel Rival** (s. S. 128) – damals eine der größten Kino-/Theaterbühnen der Stadt. Das ehemalige ABBA-Mitglied Benny Andersson hat in jüngster Vergan-

▢ *Absolute Toplage: das Viertel Mariaberget auf Södermalm*

Södermalm

genheit dem Rival wieder zu neuem Glanz verhelfen, heute ist es auch für sein reizvolles Café-Restaurant bekannt.

Der Platz selbst wurde nach dem großen Feuer von 1759 angelegt, bis 1959 war er noch nach König Adolf Fredrik (1710–1771) benannt. In der Mitte des Mariatorget laden Bänke und eine **Fontäne** mit einem Motiv aus der nordischen Mythologie zum Verweilen ein: Thor bekämpft dort die Midgardschlange. An der Westseite des Platzes verbrachte der umstrittene und geheimnisumwitterte Wissenschaftler und Mystiker Emanuel Swedenborg einige Zeit seines Lebens.

Zurück auf der Hornsgatan findet man nach wenigen Schritten die populäre **Folkoperan** (s. S. 44). Am westlichen Ende der Hornsgatan befindet sich der sich zum Årstaviken öffnende **Park Tantolunden** [B7]. Die Parkanlage wurde im Lauf der Zeit zusammen mit dem nahe gelegenen Zinkensdamms Idrottsplats (Sportstadion) zu einem Mekka der Sport- und Freizeitbegeisterten.

› U-Bahn Mariatorget

❸❹ Medborgarplatsen ★ [E7]

Kurz nachdem der verkehrsberuhigte Bereich in den verkehrsreichen Teil übergeht, öffnet sich die belebte **Shoppingmeile Götgatan** zum Medborgarplatsen. Der Name „Medborgarplatsen" (etwa „Platz des Bürgers") wirkt wie ein Relikt aus Zeiten der Arbeiterbewegung oder der sozialdemokratischen Administration – das Erscheinungsbild einiger Gebäude am Platz unterstreicht dies noch.

Heute vermittelt der weitläufige Platz einen freundlichen, einladenden und durchaus auch modernen Eindruck. Ein Kinokomplex, eine Bibliothek, das Forsgrenska Hallenbad oder die vielen Cafés und Restaurants (mit Außenbereich) sowie einige der ersten Adressen des **Södermalmer Nachtlebens** machen den Medborgarplatsen und seine unmittelbare Umgebung so attraktiv. Unterstrichen wird dies nicht zuletzt durch die **Söderhallarna** (s. S. 21), eine vorzügliche Adresse für hungrige Touristen mit erlesenem Geschmack.

› U-Bahn Medborgarplatsen

Stockholm entdecken
Södermalm

KLEINE PAUSE

Lisas Café
Obwohl Södermalm nicht gerade arm an Cafés ist und die Wahl meist schwer fällt, sollte man früher oder später Lisas Café (s. S. 36) einen Besuch abstatten. Das eher unscheinbare Café gehört zu den gemütlichsten seiner Art und ist unbestritten ein kleines Juwel.

㉟ SoFo ★★ [E7]

„Söder om Folkungar" oder auch „South of Folkungar", kurz SoFo, beschreibt ein Viertel, das durch Folkungagatan, Götgatan, Ringvägen und Renstiernas Gata begrenzt wird. SoFo ist **eines der angesagtesten Viertel**, in dem man zwanglos miteinander umgeht und eine Menge interessanter Menschen treffen kann. Vor allem aber steht SoFo für sein berühmt-berüchtigtes und intensives **Nachtleben** sowie für die kleinen flippigen bis alternativen Läden.

Einer der schönsten Plätze dieses Quartiers ist der **Nytorget**. Um die kleine Grünfläche gruppieren sich viele Cafés und am Wochenende fühlt man sich beinahe verpflichtet, in einem der Cafés am Platz oder in den angrenzenden Straßen zum Brunchen einzukehren und die Caféukultur zu genießen (wenn dies nicht aufgrund der immer noch nicht beendeten Kneipentour sowieso auf der Hand liegt).

Jenseits der Renstiernas Gata thront die **Sofie Kyrka** auf den Vita Bergen. Die Parkanlage, in der sich auch eine kleine Freilichtbühne befindet, ist gerade im Sommer ein beliebter Rückzugsplatz der Södermalmer.
❯ U-Bahn Medborgarplatsen

◁ *Kunst am Medborgarplatsen*

㊱ Långholmen ★★ [A5]

Auch wer sich nicht für die Atmosphäre einer ehemaligen Haftanstalt interessiert, ist auf Långholmen gut aufgehoben. Neben Hotel und Jugendherberge gibt es dort noch ein kleines Museum (selbstverständlich zur Gefängnisthematik), eine Gaststätte, mit Spazierwegen durchzogenes Grün und nette Badeplätze mit Ausblick auf die Innenstadt.

Die immer noch relativ citynahe Insel Långholmen ist gut mit der U-Bahn (Hornstull), dem Bus (Nr. 4, 40, 66 und 77) oder dem Pkw zu erreichen. Wer den Weg über den Söder Mälarstrand einschlägt, passiert den mächtigen Bau der ehemaligen **Münchenbryggeriet** (Brauerei), der in seiner ganzen Größe vielleicht nur von Kungsholmen aus auszumachen ist.

Långholmen selbst diente beinahe auf den Tag genau 250 Jahre lang als Gefängnisinsel. Das berühmte **Gefängnis Kronohäktet** wurde auf Långholmen zu Beginn des 19. Jh. errichtet und galt bis zu seiner Schließung im Jahr 1975 als eine der berüchtigtsten Haftanstalten des Landes. Die letzte Todesstrafe in Schweden wurde hier an Johan Alfred Andersson Ander am 23. November 1910 vollzogen, indem man den Delinquenten mittels Fallbeil um einen Kopf kürzte.

Nach umfangreichen Baumaßnahmen am Gefängnisgebäude nahm 1989 schließlich das **Långholmen Vandrarhem und Hotel** (s. S. 126) seinen Betrieb auf. Allein schon diese Tatsache sollte einen Besuch der Insel unumgänglich machen: Wo sonst schon hat man die Gelegenheit, in einer echten Gefängniszelle zu nächtigen?
❯ U-Bahn Hornstull oder Bus Nr. 4, 40, 66 und 77, Infos unter www.langholmen.com

Entdeckungen außerhalb des Zentrums

37 Globen ★ [dk]

Glaubt man sich einem riesigen aufgeblähten Golfball gegenüber, so befindet man sich am Globen, einem der landesweit bedeutendsten Veranstaltungsorte für Sport, Konzerte usw.

Der ebenfalls in einem der südlicheren Randbezirke liegende und weithin sichtbare **postmoderne Bau** wurde 1989 seiner Bestimmung übergeben, war und ist ein wegweisender Meilenstein der schwedischen Architektur und bietet – je nach Art der Veranstaltung – weit über 10.000 Zuschauern Platz. Eine weitere Topattraktion sind die beiden SkyView-Gondeln, die die Gäste an der Außenhaut der Halle in luftige Höhe transportieren, von wo man einen atemberaubenden Ausblick auf die Stadt genießen kann. Die grandiose Architektur ist eingebettet in die zugegebenermaßen etwas künstlich wirkende **GlobenCity**, eine Stadt in der Stadt. Eine brandneue Erweiterung erhielt das Areal im Sommer 2013 mit der 40.000 Besucher fassenden Tele2-Arena (www.tele2arena.se). Das Stadion ist Heimstätte der beiden Lokalklubs Hammerby und Djurgården – sogar Eishockeymatches sind dort geplant.

› Globentorget 2, U-Bahn Globen, Tickets 077 1310000 (für Ericsson Globe und Tele2 Arena), www.globearenas.se, www.tele2arena.se. **SkyView:** Tel. 077 1811000, Eintritt 145 Skr, Kinder 4–12 Jahre 100 Skr, www.globearenas.se/sv/skyview.aspx.

38 Kaknästornet ★ [eh]

Im östlichen Stadtteil Ladugårdsgärdet liegt der weithin sichtbare Kaknästornet. Das Bauwerk ist ein **Fernsehturm** in doppelter Hinsicht: Einerseits in seiner Funktion als TV- und Radioturm, andererseits kann man von dort oben eine **einmalige Fernsicht** über Stockholm mit den von dort so klein erscheinenden Sehenswürdigkeiten oder über den angrenzenden Schärengarten genießen. Die etwas weitere Anfahrt (mit dem Bus etwa 20 Min. vom Nybroplan) lohnt sich allemal und man sollte sich die Ruhe und Zeit gönnen, um den Rundblick – bei einem Brunch oder Abendessen – zu erleben.

Entworfen wurde der 155 m hohe und mit 34 Stockwerken versehene Kaknästornet von den beiden Architekten Bengt Lindroos und Hans Borgström. 1967 wurde der TV-Turm nach vierjähriger Bauzeit seiner Bestimmung übergeben und er ist noch heute eines der höchsten Bauwerke Skandinaviens. Zwei Fahrstühle transportieren die Gäste auf die beiden Besucherplattformen, wobei eine der Plattformen als **Restaurant** dient.

Über Geschmack lässt sich bekanntlich streiten und der graue Betonturm löst bestimmt die eine oder andere kontrovers geführte Diskussion aus – aber wie gesagt, die Fernsicht ist einfach einzigartig.

› Anfahrt: mit Bus Nr. 69 oder mit dem Pkw über den Djurgårdsbrunnsvägen

› Mörka Kroken 28–30, Tel. 08 6672180, www.kaknastornet.se, Eintritt: Erwachsene 50 Skr, ermäßigt 35 Skr, Juni–Aug. Mo.–Sa. 9–22 Uhr, So. 9–19 Uhr, Sept.–Mai Mo.–Do. 10–17 Uhr, Fr./Sa. 10–21 Uhr, Sa. 10–18 Uhr

› *Musizierende Engel im Millesgården*

Stockholm entdecken
Entdeckungen außerhalb des Zentrums

㊵ Millesgården ★★ [ef]

Höhepunkt eines Ausfluges zum Millesgården wird zweifelsohne der grandiose, an einem Hang zum Wasser hin abfallende Skulpturenpark sein, in dem die Werke Carl Milles' zu bestaunen sind.

Auf der noch zum Großraum Stockholm gehörenden Insel Lidingö befindet sich das ehemalige Anwesen des **schwedischen Bildhauers Carl Milles** (1875–1955). Hier verbrachte Milles zusammen mit seiner Frau Olga große Teile seines schöpferischen Lebens. Die eine oder andere Abbildung seiner Werke wird den Besuchern Stockholms beinahe zwangsläufig in Form eines Bildbandes oder eines Titelbildes ins Auge fallen. Trotz schön gestalteter Innenräume, ergänzendem Bistro und Museumsshop – an einem sonnigen Tag wird ein Besuch der Außenanlagen nicht zu schlagen sein.

› Anfahrt: U-Bahn Ropsten, anschließend weiter mit dem Bus (Linien 201, 202, 204–206) oder zu Fuß
› Lidingö, Herserudsvägen 32, Tel. 08 4467590, www.millesgarden.se, Eintritt: Erwachsene 100 Skr, ermäßigt 80 Skr, bis 19 Jahre Eintritt frei, Mai–Sept. tägl. 11–17, Okt.–Mai Di.–So. 11–17 Uhr

㊶ Schärengarten ★★★ [ei]

Zu den absoluten Höhepunkten eines Stockholmbesuchs zählt ein Ausflug in das Insellabyrinth des Stockholmer Schärengartens.

Die bis zu zwei Milliarden Jahre alten Gesteine, die vom Zahn der Zeit und vor allem von den Eiszeiten geformt wurden, heben sich auch heute noch mit 30–40 cm pro 100 Jahre aus dem Wasser. Die wohl weit mehr als **24.000 Inseln** machen diesen spektakulären Küstenabschnitt zu einer einzigartigen Spielwiese für Wasserfreunde aller Art. Etwa 150 Schären sind ganzjährig bewohnt, daneben gibt es geschätzte 50.000 Sommerhäuser und ein Vielfaches mehr an kleineren und größeren Booten.

Mit ein wenig Glück kann man die seltenen **Seeadler** oder auch den einen oder anderen **Seehund** entdecken. In den letzten Jahren wurden sogar vereinzelt wieder Tümmler gesichtet.

Möchte man nicht mit eigener Muskelkraft im Paddelboot oder auf einem Segelboot aufbrechen, so sind vor allem die **Fähren** der beiden großen Gesellschaften **Waxholmsbolaget** und **Strömma** zu empfehlen, die den größten Teil des Fährgeschäfts unter sich ausmachen und direkt in der Stockholmer Innenstadt am Strömkajen [F4] vor Anker liegen.

Idealerweise startet man seine Entdeckungstour in die grandiose In-

Stockholm entdecken
Entdeckungen außerhalb des Zentrums

selwelt mit einem Ausflug nach **Vaxholm**, der „Hauptstadt des Schärengartens". Auf der Insel finden sich kleine, verwinkelte Gassen, historische Häuser, einladende Cafés und ein mächtiges Kastell.
› **Informationen:** www.waxholmsbolaget.se, Tel. 08 6795830, www.stromma.se, Tel. 08 12004000 (Fährbetreiber), www.visitskargarden.se, www.skargardsstiftelsen.se (allgemeine reisepraktische Informationen)
› **Preisbeispiel** Stockholm – Vaxholm: Hin- und Rückfahrt 150 Skr, erm. 100 Skr

△ *Ein Bootsausflug in den Stockholmer Schärengarten liefert traumhafte Eindrücke*

41 Schloss Drottningholm ★★★

Die herausragendste Sehenswürdigkeit der Kommune Ekerö ist zweifelsohne Drottningholm. Darunter darf man sich jedoch nicht nur das Schloss an sich, sondern vielmehr ein einzigartiges Ensemble vorstellen, das das eigentliche königliche Schloss, das Chinaschloss (Kina Slott) sowie den Park mit weiteren Gebäuden umfasst.

Die sicherlich entspannteste und zugleich spektakulärste Art und Weise, sich Drottningholm zu nähern, ist die **Anreise mit einem Ausflugsboot** von Stockholm. So erhält man schon einen ersten kleinen Eindruck von der Inselwelt im Mälaren-See, bevor sich plötzlich das beeindruckende Schloss von der Wasserseite vor einem aufbaut.

Stockholm entdecken
Entdeckungen außerhalb des Zentrums

Die Arbeiten am Schloss begannen im Jahre 1662 an einer Stelle, an der zuvor ein erstes Schloss niedergebrannt war. Die Durchführung oblag dem umtriebigen Architekten Nicodemus Tessin d. Ä. im Auftrag der späteren Königin Hedwig Eleonore. Seit 1981 ist das Barockschloss eine **Residenz der königlichen Familie.** Zusammen mit dem Chinaschloss, dem Schlosstheater und dem Schlosspark bildet die Anlage ein Gesamtkunstwerk, das 1991 als erstes Objekt in Schweden zum **Weltkulturerbe** erhoben wurde.

› Anfahrt: U-Bahn bis Brommaplan, dann Busse der Linien 301-323; mit dem Boot von Stockholm in der Hauptsaison mit Strömma Kanalbolaget (www.stromma.se) von Stadshusbron; mit dem Pkw Straße 275 Richtung Vällingy, Ausschilderung ab Brommaplan

› Drottningsholmsvägen, Tel. 08 4026280, www.kungahuset.se, Eintritt: Erwachsene 100 Skr, ermäßigt die Hälfte, Kombiticket für Schloss und Kina Slott 145 Skr, Mai-Aug. tägl. 10-16.30 Uhr, Sept. tägl. 11-15.30 Uhr, Okt. Fr.-So. 11-15.30 Uhr, Nov.-März Sa./So. 12-15.30 Uhr, April Fr.-So. 11-15.30 Uhr

EXTRATIPP

Grinda
Die kleine Schäreninsel Grinda erfreut sich großer Beliebtheit: Die Kombination aus gleich mehreren guten Restaurants, Unterkunftsmöglichkeiten, schönen Badestellen und einer guten Fähranbindung zieht Tagesbesucher oder Hobbykapitäne gleichsam in ihren Bann.

Entdeckungen außerhalb des Zentrums

Mit der **Orangerie**, der **Schlosskapelle**, dem **Wärdshus** (Wirtshaus) und dem hinreißenden **Theater Confidencen** (www.confidencen.se) – Schwedens ältestem Rokokotheater aus dem Jahre 1753 – befinden sich gleich mehrere attraktive Sehenswürdigkeiten in der einladenden Parklandschaft oder in unmittelbarer Nähe.

› Anfahrt: U-Bahn Bergshamra, dann Bus 503 bis zum Wärdshus
› Solna, Slottsallen, Tel. 08 4026130, www.kungahuset.se, Eintritt: Erwachsene 80 Skr, ermäßigt die Hälfte, bis 18 Jahre frei, Schlossführungen Juni–Mitte Sept. Di.–So. 13, 14 und 15 Uhr, Schlosspark ganzjährig geöffnet

42 Schloss Ulriksdal ★★

Nur einige wenige Kilometer vom Stadtzentrum entfernt, an den Ufern des Edsviken bei Solna, liegt das königliche Schloss Ulriksdal, ein **bezauberndes Beispiel des schwedischen Barocks** der Großmachtzeit. In den 1640er-Jahren wurde mit der Errichtung des repräsentativen Gebäudekomplexes für den einflussreichen Militär Jakob de la Gardie unter dem Namen Jakobsdal begonnen. Erst später, mit dem Wechsel in den königlichen Besitz, wurde das Schloss nach dem Bruder Karls XII. in Ulriksdals Slott umbenannt.

Das beliebte Ausflugsziel Drottningholm 41 erreicht man am besten auf dem Wasserweg

Praktische Reisetipps

An- und Rückreise

Mit dem Flugzeug

Stockholms internationaler Flughafen heißt **Arlanda** (www.sweda via.se/arlanda, Tel. 010 1091000), ca. 40 km nördlich von Stockholm gelegen. Alle gängigen Airlines fliegen den Hauptstadtflughafen an, für Deutschland besonders wichtig sind wahrscheinlich Air Berlin, German Wings, Lufthansa und SAS.

Eine komfortable und sicherlich die schnellste Möglichkeit, von dort nach Stockholm zu gelangen, ist der **Arlanda Express**. Die Züge verkehren bis auf wenige Stunden in der Nacht mehrmals stündlich, brauchen für die Strecke 20 Min. und befördern die Fluggäste direkt zum Stockholmer Hauptbahnhof ❾. Tickets können auch noch im Zug (kostet 50 Skr zusätzlich), an den wenigen Schaltern oder an Automaten gelöst werden.
› www.arlandaexpress.com, Tel. 0771 720200, Einzelfahrpreis 260 Skr, retour 490 Skr, häufig gibt es aber auch spezielle Vergünstigungen

Busse, die sogenannten **Flygbussarna**, verkehren alle 15 Min. zwischen Arlanda und dem Stockholmer Busbahnhof direkt am Hauptbahnhof. Die Fahrzeit beträgt etwa 40 Min., Abfahrten beinahe rund um die Uhr.
› www.flygbussarna.se, Tel. 0771 515252, Einzelfahrt 99 Skr, Hin- und Rückfahrt 198 Skr. Fahrscheine können nicht im Bus erworben werden, es gibt sie an der Haltestelle nur (!) per Kreditkarte, gegen Bargeld im Flughafengebäude oder in den Pressbyrån- und 7-Eleven-Shops

Taxis nach Stockholm kosten ungefähr 450–500 Skr und sind in der Regel schneller als Busse. Der Preis sollte jedoch mit dem Taxifahrer vor der Fahrt abgesprochen werden. Das **Arlanda-Cab** bietet die Fahrt zu einem Festpreis von 390 Skr an.

Arlanda ist gleich an die Autobahn E4 angeschlossen, daher kann Stockholm auch gut von dort mit dem Auto/Leihwagen in 30 Min. erreicht werden. Die gängigen **Leihwagenfirmen** finden sich am Flughafen, ein Shuttlebus bringt die Gäste vom Haupteingang zu den Leihwagenunternehmen (Adressen s. Kapitel „Autofahren").

Mit **Bromma** (www.swedavia.se/bromma) besitzt Stockholm einen innerstädtischen Flughafen, der hauptsächlich für Inlandsflüge genutzt wird. Der Flughafen liegt zwischen den U-Bahn-Stationen Sundbybergs Centrum und Brommaplan. Mit den Flygbussarna (Abfahrt nach Bedarf, 20 Min., 80 Skr) oder einem Taxi (ca. 170 Skr) ist er direkt an die City angebunden.

Zudem fliegen einige Billigfluggesellschaften Stockholm über die Flughäfen in Västerås und Skavsta an. **Västerås** (www.stockholmvasteras.se, Tel. 021 805600) liegt am westlichen Ufer des Mälaren, ca. 110 km von Stockholm entfernt. **Skavsta** (www.skavsta.se, Tel. 0155 280400) ist von Stockholm aus 100 km in südlicher Richtung gelegen. Die nächstgrößere Stadt ist Nyköping. Skavsta

◁ *Vorseite: Blumiges Vehikel in der Altstadt*

▷ *Am Flughafen Arlanda wird man sogar königlich begrüßt*

Praktische Reisetipps
An- und Rückreise

HM King Carl XVI Gustaf
HM Queen Silvia

ist vor allem deshalb interessant, weil der Flughafen von Deutschland aus durch die Billigfluggesellschaft Ryanair bedient wird.

Von beiden Flugplätzen verkehren Busse, auch Flygbussarna, in die Hauptstadt, die sich an der jeweiligen Landezeit orientieren. Die Fahrtdauer von Västerås und Skavsta beträgt um die 80 Min., ein Einzelfahrschein kostet ca. 150 Skr. Hier gibt es Spezialangebote, häufig können zwei Personen für den Preis von einer fahren. Für ein Taxi muss man ca. 1200 Skr (von Skavsta) bzw. 1300 Skr (von Västerås) einkalkulieren. Von Nyköping und Västerås aus fahren auch Züge in Richtung Hauptstadt, jedoch müssen dann erst die jeweiligen Bahnhöfe in den Städten erreicht werden.

Mit dem Pkw

Viele Urlauber steuern Stockholm mit dem Auto an. Dank der Öresundbrücke ist dies jetzt auch gänzlich auf dem Landweg möglich. Auf der Autobahn E4 erreicht man Stockholm vom Süden und vom Norden, die E20 führt südlich des Mälaren und die E18 nördlich des Mälaren von Westen in die Stadt. In der City von Stockholm selbst ist es schwierig und teuer, einen **Parkplatz** zu finden. Daher macht es eher Sinn, sich etwas außerhalb eine Parkgelegenheit zu suchen, um dann mit den öffentlichen Verkehrsmitteln in die Innenstadt zu gelangen (s. auch www.stockholmparkering.se).

Mit dem Bus

Die Endstation der meisten Busreisenden wird **Cityterminalen** sein, der moderne Busbahnhof am Hauptbahnhof . Von hier verkehren auch die Flughafenbusse und die Innenstadt ist leicht durch die U-Bahn (Station T-Centralen) oder auch zu Fuß zu erreichen. Schnelle Überlandverbindungen bietet Swebusexpress oder auch Svenska Buss:
› www.swebus.se, Tel. 0771 218218
› www.svenskabuss.se,
   Tel. 0771 676767

> **EXTRAINFO**
> **Ausweis für Kinder**
> Seit 2012 benötigen auch Kinder von 0 bis 16 Jahren für eine Auslandsreise **eigene Ausweispapiere** (Kinderreisepass/Reisepass) mit einem aktuellen Foto. Der Eintrag im Pass der Eltern ist nicht länger gültig.

Von Deutschland aus operiert beispielsweise der große Anbieter Eurolines (www.eurolines.de). Beispiel Hamburg – Stockholm: Dauer ca. 16 Std., Tickets ca. 90 €.

Busverbindungen aus der Region fahren Slussen [E6] an, den Busbahnhof zwischen Södermalm und Gamla Stan.

Mit dem Zug

In unmittelbarer Nähe des Busbahnhofs liegt Stockholms **Hauptbahnhof** ❾ (Stockholm C – C steht für „Central", die generelle Bezeichnung für Hauptbahnhof). Dies ist der zentrale Knotenpunkt für Züge aller Art, weiter zu Zielen in Stockholm selbst gelangt man von dort bequem mit der U-Bahn.

Über Verbindungen informieren die Homepage der schwedischen Eisenbahngesellschaft SJ oder die Websites der deutschen, österreichischen oder Schweizer Bahngesellschaften:
› www.sj.se
› www.bahn.de
› www.oebb.at
› www.sbb.ch

Autofahren

Ein **gut ausgebautes Straßennetz** sowie die relativ geringe Verkehrsdichte machen Autofahren in Schweden zu einer angenehmen Angelegenheit. Auch die Vorzüge der zahlreichen Kreisverkehre wird man schätzen lernen. Es sei denn, arg strapazierte Gäste aus dem Autofahrerland Deutschland bringen kein Verständnis für Ampeln oder Kreisverkehr auf Autobahnen auf oder dafür, dass die Strecke Stockholm – Oslo kurzfristig gesperrt wird, da für einen Hobbykapitän die Brücke hochgelassen werden muss. Für Schweden gehört dies zur Selbstverständlichkeit, sich selber sollte man bei Gelegenheit daran erinnern, dass man sich ja im Urlaub befindet. Das mit der relativ geringen Verkehrsdichte gilt allerdings nicht für den Ballungsraum Stockholm, dort wird die Geduld durch hohes Verkehrsaufkommen häufig auf eine harte Probe gestellt. Aber wieso soll es den Stockholmern diesbe-

◰ *Stockholms Hauptbahnhof* ❾

Praktische Reisetipps
Autofahren

züglich auch anders gehen als den Autofahrern anderer europäischer Großstädte?

Bei **Pannen** wendet man sich am besten an einen der mobilen Hilfsdienste: Larmtjänst (Tel. 020 910040) oder Assistancekåren (Tel. 020 912912). Ist der Pkw noch fahrtauglich, sucht man eine *bilverkstad* oder einen *bilservice* auf. Hilfreich sind auch die Gelben Seiten (www.gulasidorna.se). Außerdem kann man sich auch direkt an seinen Automobilklub in der Heimat wenden. Die drei größten für Deutschland, Österreich und die Schweiz:

› **ADAC,** (D)-Tel. 089 222222, unter (D)-Tel. 089 767676 gibt es auch Adressen von deutschsprachigen Ärzten in der Nähe des Urlaubsortes (Liste auch vorab anforderbar)
› **ÖAMTC,** (A)-Tel. 01 2512000 oder (A)-Tel. 01 2512020 für medizinische Notfälle
› **TCS,** (CH)-Tel. 022 4172220

Schweden verfügt über ein gut ausgebautes **Tankstellennetz**. Bei mit *Kort* beschrifteten Tankstellen zahlt man mit der Kredit- oder der jeweiligen Tankkarte, bei *Sedel* (dt. Banknote) direkt an der Zapfsäule mit Geldscheinen, bei *Kassa* (dt. Kasse) an der Tankstellenkasse. An den Zapfsäulen wird Benzin mit Oktanzahlen von 95, 96 und 98 angeboten, wobei an deutschen Tankstellen Super 95 und Super Plus 98 Oktan aufweisen. *Blyfri* bedeutet Bleifrei, Diesel heißt *Diesel*. Im Allgemeinen ist Treibstoff in Schweden im Vergleich zu Deutschland nicht teurer, sondern eher günstiger: Super kostet pro Liter ca. 13,50 Skr, Diesel 14 Skr (Stand Anfang 2014).

Parkverbot *(Parkering Förbjuden)* herrscht 10 m vor und nach Straßeneinmündungen oder Zebrastreifen. Spezielle Verbote gibt es in der Stockholmer City auch zur Straßenreinigung und für den Schneeräumdienst. Dazu gilt es, die Verkehrsschilder am Straßenrand (gelbes Schild mit roter Umrahmung) mit den Tages- und Zeitangaben zu beachten.

Ob es für Ortsunkundige sinnvoll ist, in der Innenstadt auf Parkplatzsuche zu gehen, muss jeder für sich entscheiden. Wenn man denn einen **Parkplatz** gefunden hat, kann es aber auch ein teures Vergnügen werden. So kann das Parken in illustrer Lage, z. B. in der Nähe des Königlichen Schlosses, schon einmal mit 70 Skr pro Stunde zu Buche schlagen. Die Parkhausgebühren hängen von der Citylage ab, man bezahlt ab 180 Skr für 24 Std. aufwärts – in Norrmalm können bspw. 300 Skr für 24 Std. verlangt werden. Mit der Stockholm Card (s. S. 112) sind Parkplätze umsonst, jedoch nicht in Parkhäusern. Weitere Tipps und Hilfen zum Thema Parken erhält man im Internet unter **www.stockholm-parkering.se**.

Und man sollte sein Auto immer ordnungsgemäß abstellen bzw. die Parkgebühr auch wirklich entrichten. **Knöllchen** aus dem Ausland sind zwar vielleicht ein exotisches Souvenir, aber ob dieses Stück Papier einem 400–900 Skr wert ist – so viel kosten die Strafzettel in Stockholm – sollte man sich vorher gut überlegen. Wer sein Auto besonders rücksichtslos parkt, der muss auch im konfliktarmen Schweden mit dem Abschlepphaken rechnen. Abgesehen von den Lauf- und Scherereien kostet das „Umparken" durch Dritte mindestens 1300 Skr, mit deutlich Luft nach oben für etwaige Zusatzkosten.

Ohne triftigen Grund oder Ortskenntnisse sollte **Gamla Stan** mit

Autofahren

dem Fahrzeug gemieden werden: Dort wimmelt es von verwinkelten und engen Gassen sowie Einbahnstraßen, zu spärlich sind die Parkmöglichkeiten. Hotelgäste sollten sich auf alle Fälle im Voraus beim Hotel über Parkmöglichkeiten informieren.

Gute Parkmöglichkeiten für **Wohnmobile** bietet der Parkplatz auf Långholmen 36: 210 Skr pro Tag, 240 Skr mit Stromanschluss.

Das Thema **Maut** wurde in Stockholm heiß diskutiert. Seit August 2007 wird für Fahrten in die Innenstadt eine Gebühr erhoben. Für die Touristen in Stockholm ist dies jedoch nur zweitrangig, Fahrzeuge mit ausländischem Kennzeichen sind von den Mautgebühren nicht betroffen. Bei Mietwagen, die in Schweden angemietet werden, wird die Mautgebühr dem Mieter in Rechnung gestellt. Maximal können dabei 6 € pro Tag fällig werden. Am Wochenende oder im Ferienmonat Juli entfällt die Gebühr jedoch.

Ebenfalls sollte man sich nicht wundern, wenn der hilfsbereite Schwede bei der Frage, wie weit denn Stockholm noch entfernt liege, die durchaus korrekte Auskunft erteilt, es seien nur noch 25 Meilen, obwohl es tatsächlich 250 km sind: In Schweden gibt es noch die Maßeinheit „schwedische Meile", die 10 km entspricht!

Die gängigen **Mietwagenfirmen** haben ihre Büros in Stockholm vor allem längs des Hauptbahnhofes, Norrmalm, U-Bahn T-Centralen.

Verkehrsregeln

Einige, teilweise abweichende, Verkehrsregeln gilt es in Schweden zu beachten:
- Die Autos müssen ein Nationalitätskennzeichen haben.
- Es ist immer – auch am Tage – mit Abblendlicht zu fahren.
- Anschnallpflicht herrscht auf den Vorder- und Rücksitzen.
- Für Kinder bis 7 Jahre sind Kindersitze vorgeschrieben.
- Die Alkoholgrenze liegt bei 0,2 Promille.
- In Ortschaften beträgt die Geschwindigkeitsbegrenzung 50 km/h, in Wohngebieten teilweise 30 km/h. Außerhalb geschlossener Ortschaften darf 70–90 km/h, auf Autobahnen 90–120 km/h gefahren werden. Pkw mit Wohnwagen dürfen nicht schneller als 80 km/h, mit ungebremstem Anhänger nicht schneller als 40 km/h fahren.
- Der Seitenstreifen darf genutzt werden, um überholenden Fahrzeugen Platz zu machen.
- Die Verkehrsschilder, die auf Wildwechsel hinweisen, sind unbedingt ernst zu nehmen – wer schon einmal einen ausgewachsenen Elch gesehen hat, der kann sich die Konsequenzen eines Zusammenstoßes erschreckend gut vorstellen.
- Der Führerschein (der nationale oder ein internationaler Führerschein) muss mitgeführt werden, ebenso ist die Grüne Versicherungskarte sinnvoll, da sie die Abwicklung der Formalitäten im Falle eines Unfalls vereinfacht.

Und: Die verhängten Bußgelder sind vergleichsweise sehr hoch. Auf Milde oder Verständnis braucht man nicht hoffen, da die Polizei diesbezüglich als relativ humorlos gilt.

Barrierefreies Reisen

Die Möglichkeiten für Behinderte, sich in Stockholm unabhängig zu bewegen, sind besonders im Vergleich zu anderen europäischen Großstädten recht ausgeprägt, wie am Beispiel des **öffentlichen Personennahverkehrs** gut dargestellt werden kann: Fast sämtliche Bahnsteige der U-Bahn sind mit Fahrstühlen zu erreichen, die öffentlichen Busse und Bahnen sind ebenfalls behindertengerecht ausgestattet. Zudem bieten die meisten Taxis ausreichend Platz, um einen Rollstuhl mitzuführen. Vorheriges Nachfragen bei dem jeweiligen Taxiunternehmen erscheint allerdings sinnvoll.

Die **Ampeln** in Stockholms Straßen sind mit akustischen Signalen ausgestattet, die **Bürgersteige** sind breit, in einem guten Zustand und vielerorts für Rollstuhlfahrer abgesenkt. Auch sind die **Gebäude** auf die Bedürfnisse Behinderter eingestellt. Alle öffentlichen Gebäude müssen von Gesetzes wegen für Menschen mit Behinderungen erreichbar sein. Folglich finden sich hier barrierefreie Zugänge. Ebenfalls wurde per Gesetz verfügt, dass jedes Gebäude mit mehr als drei Stockwerken einen Aufzug haben muss. **Toiletten** für Rollstuhlfahrer gibt es in vielen Restaurants, Einkaufszentren oder öffentlichen Einrichtungen. Einige Hotels bieten darüber hinaus für Allergiker spezielle allergiefreie Zimmer an.

Generell kann man davon ausgehen, dass die Menschen in den Unterkünften, Museen oder anderen öffentlichen Einrichtungen den speziellen Bedürfnissen Behinderter gegenüber aufgeschlossen sind. Vor Antritt der Reise sollte man jedoch auch Kontakt zu der heimischen Behindertenorganisation aufnehmen. Dort sind vielfach spezielle und detaillierte Informationen und Hilfen von professioneller Seite erhältlich. In Schweden selbst erhält man Unterstützung vom **Schwedischen Behindertenverband:**

› **De Handikappades Riksförbund (DHR)**, Storforsplan 44 (Box 43), 123 21 Farsta, Tel. 08 6858000, www.dhr.se

Diplomatische Vertretungen

- **155** [eh] **Deutsche Botschaft ("Tyska Ambassaden Stockholm")**, Skarpögatan 9, 115 27 Stockholm, Tel. 08 6701500, Fax 08 6701572, Notfallnummer außerhalb der normalen Öffnungszeiten: Tel. 070 8529420, www.stockholm.diplo.de
- **156** [G2] **Österreichische Botschaft**, Kommendörsgatan 35/V, 114 58 Stockholm, Tel. 08 6651770, Fax 08 6626928
- **157** [cg] **Schweizer Botschaft**, Valhallavägen 64, 100 41 Stockholm, Tel. 08 6767900, Fax 08 211504, www.eda.admin.ch/stockholm

▷ *Im mondänen Östermalm liegen viele internationale Botschaften*

Geldfragen

Schweden ist zwar in der EU, jedoch kein Mitglied der Währungsunion. Folglich ist die gültige Währung die **Schwedische Krone** (Svenska Krona, Skr) und nicht der Euro! Eine Schwedische Krone besteht aus 100 **Öre**. Im Alltag spielte die Untereinheit der Krone jedoch nur noch eine untergeordnete Rolle und die kleinste Münze hatte einen Wert von 50 Öre, weshalb die Preise immer gerundet wurden. Im September 2010 schließlich wurde das 50-Öre-Stück in Schweden als Zahlungsmittel abgeschafft. Damit ging auch auch eine Epoche zu Ende: Die Einheit Öre war noch älter als die Krone.

› **Umrechnungskurs** (Stand Jan. 2014):
1 € = 8,87 Skr, 1 CHF = 7,20 Skr,
1 Skr = 0,11 € bzw. 0,14 CHF

Preislich ist ein Urlaub in Stockholm günstiger, als es die über Jahre festgefügten Vorurteile über das nordische Preisniveau suggerieren. So haben sich die deutschen und schwedischen Preise insbesondere nach dem schwedischen EU-Beitritt 1995 mehr und mehr angenähert. Vergleicht man deutsche Supermarktpreise mit ihren schwedischen Pendants, so ist ein Unterschied kaum noch festzustellen. Preisliche Ausreißer nach oben sind jedoch noch immer Süßigkeiten und Alkoholika. Modische Textilien oder sportliche Freizeitbekleidung hingegen kann man teilweise – insbesondere im schwedischen Ausverkauf – günstiger als daheim erstehen. Autofahrer stellen fest, dass eine Tankfüllung in Schweden ungefähr das Gleiche kostet wie in Deutschland.

Ansonsten fühlt man sich in monetären Angelegenheiten wie zu Hause, beispielsweise dürfte beim ersten Gebrauch eines schwedischen **Geldautomaten** (auf Schwedisch *Bankomat*)

EXTRATIPP

Stockholm preiswert: Stockholm Card

Die Stockholm Card ist ein Allround-Pass, der **zahlreiche Vergünstigungen und Ermäßigungen** bietet. Sie gewährt freien Eintritt zu über 80 Museen und anderen Attraktionen (z. B. Vasa-Museum ㉔), Ermäßigungen für weitere Einrichtungen, eine kostenlose Nutzung der öffentlichen Verkehrsmittel und eine kostenlose Bootsfahrt rund um die Insel Djurgården oder(!) rund um die Insel Kungsholmen. Und sogar geführte Radtouren (auf Englisch) durch die Stadt sind in der Karte inkludiert.

Die Karte gibt es für **unterschiedliche Zeitspannen**: 24-Std.-Karte 495 Skr (Kinder 7–17 Jahre 225 Skr), 48-Std.-Karte 650 Skr (Kinder 265 Skr), 72-Std.-Karte 795 Skr (Kinder 295 Skr), 120-Std.-Karte 1050 Skr (Kinder 325 Skr). Die Uhr tickt rückwärts ab der ersten Benutzung der Karte: Wenn man die Karte erstmalig dienstags um 13.45 Uhr benutzt, hat man – beispielsweise bei der 72-Stunden-Version – Zeit bis Freitag 13.45 Uhr, um seine Erkundungen abzuschließen. Dabei sollte man bedenken, dass montags die meisten Museen geschlossen haben!

Detailliertere Informationen liefert ein kleines **Info-Büchlein**, in dem die meisten Einrichtungen vorgestellt werden und das man automatisch mit der Karte erwirbt. Erhältlich ist die Karte bei 130 Verkaufsstellen (hauptsächlich in Hotels und Kiosken) in der Stadt oder in der Stockholm Tourist Information (s. S. 113).

› **Informationen im Internet:**
www.visitstockholm.com

ein gewisser Wiedererkennungseffekt eintreten. Mit der inzwischen weitverbreiteten **EC/Maestro-Karte** und seiner persönlichen Geheimnummer kann man in Schweden inzwischen auch im kleinsten Städtchen Bargeld abheben. **Kreditkarten** sind bei den Nordlichtern deutlich populärer als in Deutschland oder Österreich. So findet man praktisch keinen volljährigen Schweden, der nicht mit der Kreditkarte zahlt, und wenn es nur die Packung Kaugummi an der Tankstelle ist. Auch abends wird gerne mit dem Plastikgeld bezahlt und so ist es gang und gäbe, dem Barkeeper, bei dem man ein Bier und eine Cola bestellt hat, die Kreditkarte leger auf die Theke zu legen.

Wer **Bargeld wechseln** will, sucht entweder eine Bank auf oder entscheidet sich für die kleinen Wechselstuben, die auch deutlich kundenfreundlichere Öffnungszeiten bieten. Von Letzteren findet man diverse im Innenstadtbereich, besonders markant sind die gelben Filialen der Forex-Kette.

Informationsquellen

VisitSweden

Fragen zu Schweden werden unter der Telefonnummer (069) 22223496 beantwortet. Aus Österreich wählt man Tel. (0192) 86702, aus der Schweiz Tel. (044) 5806294. Schriftliche Anfragen werden direkt nach Schweden gerichtet: VisitSweden, Voltvägen 32, 83148 Östersund, Fax: 0046 636635566. Alternativ informiert man sich auch auf der Homepage von VisitSweden, dort können auch Broschüren bestellt werden:
› www.visitsweden.com

Informationen vor Ort

❶**158** [D4] **Stockholm Tourist Information,** Vasagatan 14, U-Bahn T-Centralen, www.visitstockholm.com, Tel. 08 50828508, Mo.–Fr. 9–19 (im Winter nur bis 18 Uhr), Sa. 9–16 und So. 10–16 Uhr

Kostenlose Hilfestellungen liefern die monatlich an vielen Stellen ausliegenden **Hefte „What's On Stockholm" und „Nöjesguiden"** (www.nojesguiden.se). På Stan, die wöchentliche Beilage der Tageszeitung Dagens Nyheter (www.dn.se) zeigt, was in der Hauptstadt los ist.

Stockholm im Internet

› **www.destination-stockholm.com:** Der Zusammenschluss einiger wichtiger Touristikunternehmen liefert viele Informationen für die Besucher der Stadt.
› **www.stockholm.se:** die offizielle Website der Stadt Stockholm mit dem hilfreichen Unterpunkt „Kultur & Freizeit"
› **www.visitstockholm.com:** die informative offizielle Homepage der Stockholmer Touristikbehörde
› **www.alltomstockholm.se:** Die Boulevardzeitung Aftonbladet präsentiert auf dieser Website Tipps zu Veranstaltungen, Restaurants und Nachtleben.

Tickets

Neben der Verkaufsstelle im zentralen Touristenbüro oder über das Internet können Eintrittskarten für Konzerte, Theater oder andere Veranstaltungen natürlich auch noch an den jeweiligen Abendkassen erworben werden. Die wichtigste Kontaktadresse im Internet für Veranstaltungen ist:
› **Ticnet,** Tel. 0771 707070, www.ticnet.se

Unsere Literaturtipps

Zeitlose Klassiker zum Thema Schweden/Stockholm:
> **Selma Lagerlöf**, „*Wunderbare Reise des kleinen Nils Holgersson mit den Wildgänsen*", München 1992. Anfang des 20. Jahrhunderts von der späteren Literaturnobelpreisträgerin Selma Lagerlöf geschrieben, war es ursprünglich als Geografiebuch für schwedische Schüler konzipiert. Doch die liebevoll geschriebene Geschichte des ungezogenen Nils, der zur Strafe in einen Däumling verwandelt wird, begeisterte die Leser weltweit und wurde in über 60 Sprachen übersetzt.
> **Selma Lagerlöf**, „*Gösta Berling*", München 2007. Auszüge dieses Werkes gewannen den ersten Preis eines Literaturwettbewerbs einer lokalen Tageszeitung, bevor es zu einem der berühmtesten Bücher Schwedens wurde. Die Schilderungen des Landlebens und die spannenden Charaktere rund um den versoffenen Priester Gösta Berling sind auch heute noch lesenswert.

> **Kurt Tucholsky**, „*Schloss Gripsholm*", Köln 2006. Vermutlich das bekannteste Buch im deutschsprachigen Raum, das seinen Schauplatz im Schweden der späten 1920er-Jahre hat. Die Liebesgeschichte, eine sommerlich-erotische Ménage-à-Trois, wird von dunklen Wolken am Horizont überschattet.

Geschichtliche Hintergründe:
> **Ingrid Bohn**, „*Kleine Geschichte Stockholms*", Regensburg 2008. Die Autorin richtet in ihrer aktuellen Übersicht ihr Hauptaugenmerk auf die Geschichte der schwedischen Hauptstadt, ohne dabei entscheidende Einflüsse auf das ganze Land aus den Augen zu verlieren.

*Und dann gibt es ja bekanntlich noch die **Krimis**, ohne die ein echter Stockholmaufenthalt eigentlich undenkbar ist. **Maj Sjöwall und Per Wahlöö** waren mit ihrer 10-bändigen Reihe um den zeitlosen Kommissar Beck die unbestrittenen Begründer des Genres. **Liza Marklund** schickt seit den 1990er-Jahren ihre Protagonistin Annika Bengtzon kreuz und quer durch Stockholm. **Jan Guillou** wählt für seine Agentenstorys um den Superagenten Carl Hamilton alias Coq Rouge ebenfalls Stockholm als Ausgangsbasis. Momentan begeistert **Stieg Larssons** Millennium-Trilogie rund um den Journalisten Mikael Blomkvist und die ungewöhnliche Ermittlerin Lisbeth Salander Heerscharen von Lesern (s. S. 63). So kann man praktischerweise gleich mit dem Krimi unter dem Arm auf Entdeckungstour gehen …*

EXTRATIPP

In Zeitungen schmökern
In der Bibliothek für Zeitungen und Zeitschriften findet man eine Auswahl von beinahe 200 Tageszeitungen in 70 Sprachen. Da sollte für jeden etwas dabei sein.

📖**159** [C1] **Tidnings- och Tidskriftsbiblioteket**, Odengatan 59, U-Bahn Odenplan, Tel. 08 50831058/46

Eine andere gute Adresse ist der Lesesaal im Kulturhuset ⓭ am Sergels Torg, wo in charmanter Atmosphäre einige Zeitungen und Zeitschriften ausliegen.

Praktische Reisetipps
Internet und Internetcafés, Medizinische Versorgung

Internet und Internetcafés

Wer auch während seines Stockholmaufenthaltes mit der Heimat oder dem Rest der Welt verbunden sein möchte, dem steht die WWW-Welt zur Verfügung. Neben Internetcafés bieten auch fast alle Unterkünfte und die öffentlichen Bibliotheken einen Internetzugang an. Die meisten **Hotels** verfügen über ein offenes und **kostenloses WLAN-Netz**, in das man sich problemlos mit dem Laptop oder dem WLAN-fähigen Handy einwählen kann. Ist das Netzwerk geschützt, so hilft zumeist eine kurze Anfrage an der Rezeption und man erhält das Passwort.

In der Stadt selbst ist die drahtlose Verbindung ins Netz ebenfalls problemlos möglich. Insbesondere die Stockholmer Innenstadt ist übersät mit WLAN-Hotspots und die Router der **Cafés, Kneipen und Restaurants** senden ihre Signale lustig durch die ganze Stadt. Auch in diesen Fällen hilft bei verschlüsselten Netzwerken oft ein freundliches Nachfragen bei der Bedienung nach dem entsprechenden Netzwerkschlüssel.

Wer ohne eigene erforderliche Hardware in Stockholm unterwegs ist, der kann in den **Filialen der „Sidewalk Express"-Kette** für eine vorher festgelegte Zeitspanne einen Internetterminal benutzen. Die ungemein schnell expandierende Firma verfügt in Stockholm bereits über mehr als 80 Filialen, die oftmals in Kooperation mit 7-Eleven-Shops und Zeitungskiosken (bekanntester Kiosk-Markenname ist hier das Pressbyrån) betrieben werden. Grundsätzlich sind sie immer dort zu finden, wo viele Menschen aufeinandertreffen, wie z. B. auf Flughäfen, in Bahnhöfen oder Einkaufszentren.
› www.sidewalkexpress.com

Die **Kosten** für eine Internetverbindung – so sie denn überhaupt kostenpflichtig ist – liegen im Normalfall bei ca. 30 Skr pro Stunde. Einige der billigeren Hotelketten wie z. B. Ibis bitten ihre Gäste hierfür jedoch gerne ordentlich zur Kasse und verlangen dann auch deutlich höhere Einstiegspreise.

Medizinische Versorgung

Mit der **European Health Insurance Card** (EHIC), die EU-Bürger bei ihrer heimischen Krankenversicherung erhalten, können notwendige medizinische Leistungen beim schwedischen Arzt, Zahnarzt oder im Krankenhaus in Anspruch genommen werden. Da man nach dem in Schweden gültigen Recht behandelt wird, kann es durchaus zu Zusatzzahlungen kommen. Sollte es Probleme geben – ein Arzt nimmt die Karte beispielsweise nicht an und rechnet die Kosten privat ab –, ist es in jedem Falle sinnvoll, Rechnungen zu sammeln und diese in der Heimat bei seiner Krankenkasse einzureichen. Zudem können beim Arztbesuch Gebühren in Höhe von etwa 240–400 Skr anfallen. Bürger aus Nicht-EU-Staaten werden für alle medizinischen Behandlungen zur Kasse gebeten.

Grundsätzlich ist der Abschluss einer **privaten Auslandskrankenversicherung** zu empfehlen – auch weil diese schon für wenige Cent pro Tag abgeschlossen werden kann. Auf alle Fälle sollte man sich zuvor über die

Leistungen und Inhalte informieren, beispielsweise über die Frage eines Krankenrücktransports im Krankheitsfall. Informationen liefern die jeweiligen Krankenkassen im Heimatland, die Deutsche Verbindungsstelle Krankenversicherung Ausland (www.dvka.de) oder auch die Internetseiten Krankenkassen.Deutschland (www.krankenkassen.de/ausland).

Das moderne schwedische Gesundheitssystem kennt nicht das System niedergelassener Fachärzte, vielmehr wendet man sich bei akuten Problemen an die nächste **Unfallambulanz** *(Akutmottagning),* das nächste **Krankenhaus** *(Sjukhus)* oder **Ärztezentrum** *(Vårdcentral).* Bei **Zahnarztbesuchen** *(tandläkare)* muss man mit wesentlich höheren Eigenanteilen rechnen. Über Sprachbarrieren muss man sich beim Arztbesuch jedoch keine großen Gedanken machen, vielfach trifft man auf deutschsprachige Ärzte.

Medikamente sind in **Apotheken** *(Apoteket)* erhältlich, in den meisten Fällen allerdings nur gegen Rezept. Ist man auf Medikamente angewiesen oder aber weiß man im Voraus, auf welche Medikamente nicht verzichtet werden soll, so empfiehlt es sich, diese aus seinem Heimatland mitzubringen. Geöffnet haben die Apotheken zu normalen Geschäftszeiten (s. S. 118), Nachtapotheken *(nättöppet)* findet man zumindest in den größeren Städten. In Stockholm lassen sich Apotheken problemlos finden. Eine zentrale 24-Stunden-Apotheke ist die:

✪**160** [D3] **Apoteket C. W. Scheele,** Klarabergsgatan 64, Norrmalm, U-Bahn T-Centralen, Tel. 0771 450450

Adressen ausgewählter **Krankenhäuser** in Stockholm:

✪**161** [bg] **Karolinska Sjukhuset,** Karolinska Vägen, Solna, Bus Nr. 3, 52, 73 oder 77, Tel. 08 51770000, www.karolinska.se

✪**162** [ah] **Sankt Görans Sjukhuset,** Sankt Göransplan 1, Kungsholmen, U-Bahn Fridhemsplan, Tel. 08 58701000, www.stgoran.se

✪**163** [cj] **Södersjukhuset,** Sjukhusbacken 10, Södermalm, U-Bahn Skanstull oder Bus Nr. 3, 74, Tel. 08 6161000, www.sodersjukhuset.se

Mit Kindern unterwegs

Schweden im Allgemeinen und Stockholm im Speziellen gelten nicht nur als **kinderfreundlich**, sie sind es tatsächlich auch noch! Viele Unterkünfte bieten **familiengerechte Zimmer** an. Der **ÖPNV** ist gut mit Kinderwagen zu bewältigen, die fast überall vorzufindenden Aufzüge tun ihr Übriges. In den Zügen gibt es ebenso Wickelräume wie in den zahlreichen (öffentlichen) Toiletten. Besucht man mit Kindern **Museen** oder ähnliche Einrichtungen, so werden dort wie selbstverständlich Kinderwagen angeboten, kindergerechte Multimediaeinrichtungen oder Führungen speziell für Kinder sind dort ebenfalls keine Seltenheit. Möchte man Kultur eher ohne den Nachwuchs genießen, so ist dieser in der pädagogisch geschulten Obhut der zahlreichen „Spielzimmer" gut aufgehoben, sogar in den Kirchen findet man spezielle Spielecken für den Nachwuchs.

Zudem empfiehlt es sich immer, nach **Ermäßigungen** zu fragen: Preis-

▷ *Kindern bereitet der Vergnügungspark Gröna Lund* ㉑ *Spaß pur*

Praktische Reisetipps
Mit Kindern unterwegs

nachlässe bis hin zum freien Eintritt werden in Museen oder bei Veranstaltungen fast immer gewährt. Kinder bis sieben Jahre fahren beispielsweise kostenlos Bus und Bahn. Werden Kindersitze benötigt, so ist dies rechtzeitig bei den gängigen Autoverleihern nachzufragen.

In **Gaststätten** gibt es Kindersitze, mitgebrachte Nahrung für Kleinkinder wird dort gern aufgewärmt. Weitere Ratschläge finden sich in den Broschüren „Schweden für Kinder" und „What's On Stockholm", die in jedem Touristenbüro ausliegen (s. S. 113).

Auch laden die vielen **Parks, Grünflächen und Strände** in der unmittelbaren Umgebung zum Spielen, aktiven Erholen und Verweilen ein.

Hier eine Auswahl an **Attraktionen** für Kinder und Jugendliche:
- ㉖ [G5] **Aquaria Vattenmuseum**
- ㉗ [H5] **Gröna Lund**
- ㉕ [G4] **Junibacken**

164 [dj] **Leksaksmuseet**, Tegelviksgatan 22, Bus 2 und 66, Tel. 08 6416100, www.leksaksmuseet.se, Mo.–Fr. 10–17, Sa./So. 11–16 Uhr, Eintritt: Erwachsene 40 Skr, erm. 20 Skr, Kinder unter 7 Jahre gratis. Das Spielzeugmuseum umfasst alles, was das Kinderherz hüpfen lässt: Puppen, Modelle, Autos, Flugzeuge, Dampfmaschinen ...

165 [F3] **Musikmuseet**, Sibyllegatan 2, Östermalm, U-Bahn Östermalmstorg, Tel. 08 51955490, www.musikmuseet.se, Di.–So. 12–17 Uhr, Eintritt: Erwachsene 70 Skr, bis 19 Jahre Eintritt frei. Ein Musikmuseum auch für all diejenigen, die einmal selbst in die Tasten hauen wollen.

› **Naturhistoriska Riksmuseet** (s. S. 47). Egal ob in der spannenden Ausstellung oder im IMAX-Kino: Die Kinder werden einfach begeistert sein!

㉘ [H5] **Skansen**

› **Teater Bambino** (s. S. 44). Theater für die kleinen Besucher der Stadt.

166 [eh] **Tekniska Museet,** Museivägen 7, Ladugårds Gärdet, Bus Nr. 69, Tel. 08 4505600, www.tekniskamuseet.se, Mo.–Fr. 10–17 Uhr, Mi. 10–20 Uhr, Sa./So. 11–17 Uhr, Eintritt: 120 Skr, Kinder (6–19 Jahre) 40 Skr. Das Technische Museum bietet einen anschaulichen Überblick über die Welt der Maschinen und technische Entwicklungen. Besonderes Aufsehen wird die Autoausstellung erregen: Hier kann man sich selbst hinter ein Gokart-Steuer setzen oder mit der Carrera-Bahn fahren.

Notfälle

Im Falle eines Falles stehen folgende Einrichtungen und Telefonverbindungen zur Verfügung:
> **Notruf Polizei und Rettungsdienste:** Tel. 112, allgemeine Angelegenheiten Tel. 11414.

167 [B3] **Polizei Hauptwache,** Kungsholmsgatan 37, Tel. 11414, Kungsholmen, U-Bahn Rådhuset

Kartenverlust

Deutsche Kunden, die ihre **Kreditkarte,** die **Maestro(EC)-Karte** oder ihr **Handy** verloren haben, können sie über die **zentrale Sperrnummer** Tel. 0049 116116 blockieren lassen.

Für **Österreicher und Schweizer** wird dieser Service vorerst nicht angeboten, sie sollten sich vor der Reise über die jeweiligen Sperrnummern informieren.
> www.sperr-notruf.de

Fundsachen (Hittegods)

168 [A3] **Fundbüro Polizei,** Bergsgatan 54, U-Bahn Rådhuset, Tel. 010 5433610, Mo.–Fr. 10–15 Uhr, Do. bis 18 Uhr

169 [D3] **Fundbüro ÖPNV,** SL (Storstockholms Lokaltrafik), Klara Östra Kyrkogata 6, U-Bahn T-Centralen, Tel. 08 6001000, Mo. 11–19 Uhr, Di.–Fr. 10–18 Uhr, Sa. 10–16 Uhr

170 [C4] **Fundbüro Bahn,** Centralstation, nördliche Bahnhofshalle, U-Bahn Centralstation, www.bagport.se oder www.missingx.com (auch für Fundsachen im Flughafen Arlanda), Tel. 08 50125590, Mo.–Fr. 9–19 Uhr

Öffnungszeiten

Die Öffnungszeiten der **Geschäfte** sind recht unterschiedlich, sodass eine generelle Aussage schwerfällt. Läden öffnen ihre Türen am späten Vormittag ab 10, 11 oder auch schon mal 12 Uhr (bis 18 Uhr), Kaufhäuser öffnen etwas zeitiger. An Wochenenden fallen die Zeiten etwas kürzer aus, aber viele Geschäfte, besonders im Innenstadtbereich, laden zum Einkaufen ein.

Lebensmittelgeschäfte können auch ab 8/9 Uhr geöffnet haben und schließen erst zwischen 20 und 22 Uhr. Dies gilt teilweise auch für das Wochenende. Die meisten der 7-Eleven-Shops haben rund um die Uhr an sieben Tagen der Woche offen. Einige Bäckereien sind auch schon ab 6.30 Uhr geöffnet.

In den Sommermonaten können diese Zeiten etwas abweichen, sie fallen dann in der Regel verkürzt aus. Es gibt auch einige Inhaber, die in dieser Zeit ihre Geschäfte gänzlich schließen, ähnlich wie einige Restaurants. Verkürzte Öffnungszeiten (bis mittags) gelten auch an Tagen vor einem Feiertag.

Wenn man sich bei einem **Bankbesuch** an dem Zeitraum zwischen 10 und 15 Uhr orientiert, liegt man meistens richtig. Manchmal gibt es einen Tag in der Woche, an dem längere Zeiten für den Publikumsverkehr existieren (z. B. donnerstags 16.30/17.30 Uhr), zudem haben einige Banken verkürzte Sommeröffnungszeiten.

Post

Die Post ist an Schildern mit blauem Posthorn und Krone auf gelbem Hintergrund zu erkennen, manchmal sind die Farben auch genau andersherum. Es gibt blaue **Briefkästen** für den lokalen Briefverkehr, die innerschwedischen und internationalen Sendungen kommen in die gelben Briefkästen. Aber nicht nur in den klassischen Postfilialen kann man Dienstleistungen rund um das Posthorn erwerben, sondern auch in Kiosken, kleinen Lebensmittelgeschäften und in diversen Supermärkten, insbesondere in denen der COOP- und ICA-Kette. **Briefmarken** kann man auch zusammen mit Cola und Hotdog bei 7-Eleven oder den Läden der Pressbyrån-Kette erstehen.

Ein Brief, der von Schweden in ein anderes europäisches Land verschickt wird, kostet im „Prioritaire"-Versand 12 Skr **Porto** und sollte innerhalb von 2 bis 3 Tagen sein Ziel erreichen. Informationen zu anderen Postdienstleistungen sind unter www.posten.se zu recherchieren.

◰ *Postalische Grüße in die Heimat kommen in den gelben Kasten (international), lokale Post in den blauen*

Radfahren

Es ist schon ein riesiges Vergnügen, sich auf das Fahrrad zu schwingen, um die einzelnen Sehenswürdigkeiten der Stadt abzuklappern oder einfach einen Ausflug in die nähere Umgebung mit ihrer herrlichen Natur zu unternehmen. Allerdings kann es aufgrund des Straßenverkehrs in der City durchaus unangenehme Augenblicke geben.

Wenn man sich dazu entschlossen hat, auf das Rad als Fortbewegungsmittel umzusatteln, stellen die öffentlich zugänglichen **Citybikes** die wohl beste und einfachste Möglichkeit dar. Mittlerweile gehören diese ebenso unverwechselbaren wie unverwüstlichen Drahtesel zum Stadtbild. Eine Saisonkarte vom 1. April bis 31. Oktober kostet 300 Skr (online 250 Skr), eine 3-Tages-Karte 165 Skr. Unter anderem können die Karten auch an den SL-Vorverkaufsstellen (ÖPNV) am Sergels Torg, am Bahnhof, beim Slussen oder im Sverigehuset erworben werden. An mittlerweile **73 über die Stadt verteilten Stellen** kann man die gut gepflegten Drahtesel entnehmen und wieder abstellen. Man darf zunächst nur 3 Std. fahren, danach ist das Fahrrad abzustellen. Ein neu-

es kann aber sofort – falls vorhanden – ausgeliehen werden. Schäden sollten dem Servicebüro gemeldet werden, Helme sind zu empfehlen und können ebenfalls ausgeliehen werden. Das Ausleihen ist täglich von 6 bis 22 Uhr möglich.
› www.citybikes.se, Tel. 077 4442424

Schwule und Lesben

Wie so häufig findet sich auch in Schweden die größte LGBT-Szene in der Hauptstadt. Die Szene kann jedoch nicht als allzu groß bezeichnet werden, für Besucher ist sie in der Öffentlichkeit nur selten wahrzunehmen. Die momentan angesagtesten Viertel liegen in Södermalm und in Gamla Stan.

Einen Höhepunkt des Jahres stellt die **Stockholmer Pride Week** Ende Juli/Anfang August dar (s. S. 14). In den letzten Jahren wechselte mehrfach der Veranstaltungsort und 2013 fand das Festival an der Sporthochschule rund um den Lindingövägen statt. In welchen Stadtteil es das größte gleichgeschlechtlich orientierte Festival Skandinaviens in den kommenden Jahren verschlägt, ist jedoch noch nicht final gesichert. Am besten hält man sich unter www.stockholmpride.org auf dem Laufenden.

Schweden pflegt dank seiner **liberalen und toleranten Mentalität** eine ebensolche Einstellung in Hinsicht auf Lesben und Schwule. Die Rechte homosexueller Paare sind im Großen und Ganzen mit denen ihrer heterosexuellen Pendants identisch, sie dürfen Kinder adoptieren, die gleichgeschlechtliche Hochzeit ist seit 1995 erlaubt. Informationen über das homosexuelle Leben in Stockholm erhält man beim

› **RFSL** (Reichsverband für sexuell Gleichgesinnte), www.rfsl.se, Sveavägen 57-59, Postfach 350, 10126 Stockholm, Tel. 08 50162900.
› Alternativ informiert das monatlich erscheinende **Magazin QX**, allerdings auf Schwedisch. Dessen Website www.qx.se ist allerdings größtenteils auf Englisch abrufbar ist.

Nach Einbruch der Dunkelheit, was sich im nordeuropäischen Sommer durchaus ziehen kann, treffen sich Interessenten schneller, unverbindlicher Kontakte im Skinnarviksparken auf Södermalm. Die Grünanlagen am Stadshuset ⓱ und der verschachtelte Gebäudekomplex des Rathauses selbst sind ebenfalls beliebte **Cruising-Areale** der schwedischen und internationalen Gay-Gemeinde Stockholms.

Folgende Restaurants, Cafés und Bars sind der gleichgeschlechtlichen Szene gegenüber besonders aufgeschlossen:

◐**171** [E2] **Babs Kök & Bar** €€, Birger Jarlsgatan 37, U-Bahn Östermalmstorg, Tel. 08 236101, www.babsbar.se, tägl. ab 17 Uhr. Ausgezeichnetes Restaurant und gut bestückte Bar.
› **Chokladkoppen** (s. S. 36), Stortorget 18, U-Bahn Gamla Stan, Tel. 08 203170, tägl. 9-23 Uhr. Café in zentraler Lage, breites Info-Angebot für die internationale Gay-Szene Stockholms, im Sommer auch ausgezeichnete Außengastronomie.
◐**172** [bj] **Copacabana,** Hornstulls Strand 3, U-Bahn Hornstull, Tel. 08 6692939, www.kafecopacabana.com, Mo.-Do. 9-21 Uhr, Fr. 9-19 Uhr, Sa./So. 10-19 Uhr. Nettes Café mit Holzbänken, von denen man direkt aufs Wasser blicken kann, während man eines der angebotenen, üppig belegten Brote isst.

❶**173** [A4] **Göken** €€-€€€, Pontonjärgatan 28, Tel. 08 6544928, www.goken.se, Mo. 17–23, Di.–Fr. 17–24, Sa. 16–24, So. 16–23 Uhr. Restaurant und Bar mit ausgesprochen bunt gemischtem Publikum und einem hervorragenden Preis-Leistungs-Verhältnis der Hauptgerichte.

❶**174** [C5] **Lady Patricia**, Söder Mälarstrand Kajplats 19, U-Bahn Slussen, Tel. 08 7430570, www.patricia.st, Mi.–Do. 17–24 Uhr, am Wochenende ohne sexuelle Präferenzen bis 5 Uhr, So. 18–3 Uhr Gay-Night. Historisches Schiff, das sogar an der Landung der Alliierten in der Normandie 1944 beteiligt war – heute beherbergt die M/S Patricia ein Restaurant, Bar und Klub.

❶**175** [A4] **Mälarpaviljongen** €€, Norr Mälarstrand 64, U-Bahn Fridhemsplan, Tel. 08 6508701, www.malarpaviljongen.se, tägl. ab 11 Uhr, im Winter geschlossen! Restaurant, Bar und Café – traumhaft schön am bzw. auf dem Wasser gelegen, ausgesprochen gemischtes Publikum, jedoch sehr gay-freundlich.

❶**176** [D6] **Side Track,** Wollmar Yxkullsgatan 7, U-Bahn Mariatorget, Tel. 08 6411688, www.sidetrack.nu, Mi.–Sa. 18–1 Uhr. Restaurant, Kiez-Kneipe und Kellerbar für die Homo-Szene Södermalms.

❶**177** [D6] **SLM – Scandinavian Leather Men,** Wollmar Yxkullsgatan 18, U-Bahn Mariatorget, www.slmstockholm.se, Tel. 08 6433100, Mi. 20–24, Fr./Sa. 22–2 Uhr. Einschlägig bekannter Klub für Lack-, Leder-, Gummi- und Uniformen-Liebhaber.

❶**178** [E5] **Torget,** Mälartorget 13, U-Bahn Gamla Stan, Tel. 08 205560, www.torgetbaren.com, tägl. 17–1 Uhr. Schwulenbar mit üppigen Kronleuchtern und ausgewähltem kulinarischen Angebot.

Sicherheit

Schweden ist insgesamt betrachtet ein **sehr sicheres Reiseland.** Die Wahrscheinlichkeit, Opfer eines Verbrechens zu werden, ist minimal, wenn man sich an gewisse, in allen Großstädten gültige Grundregeln hält. Nicht erst seit Winston Churchills Bonmot („Ich glaube nur der Statistik, die ich selbst gefälscht habe") sind Statistiken bekanntlich immer abhängig vom Standpunkt des Betrachters. Doch die schwedische Kriminalstatistik ist eindeutig: 39 % (in 2012) aller in Schweden begangenen Verbrechen fallen unter die Rubrik „Eigentumsdelikte" und selbige sind auch die Hauptgefahr für Touristen. Plätze und Orte, an denen sich viele Menschen tummeln, sind automatisch ein bevorzugtes Jagdrevier der **Taschendiebe.** Dort sollte man besondere Vorsicht walten lassen, aber auch sonst immer aufmerksam auf seine persönlichen Habseligkeiten achten. Nächtens ist es zudem keine gute Idee, allein durch abgelegene Vorstädte zu schlendern …

Sport und Erholung

Stockholm bietet – auch für Kurzurlauber – eine Vielzahl abwechslungsreicher Sportmöglichkeiten. **Golf** ist in Schweden Volkssport, folglich sind im unmittelbaren Umland der Hauptstadt hervorragende Parcours entstanden. Allgemeine Informationen dazu findet man unter www.golf.se.

Attraktive Laufstrecken liegen vor allem auf Djurgården oder im benachbarten Ladugårdsgärdet [G1]. Die vielen Wasserstrecken, beispielsweise in Kungsholmen, üben natürlich auch ihren gewissen Reiz aus, al-

Sport und Erholung

lerdings sind die Strecken dort häufig asphaltiert oder liegen nah am Straßenverkehr.

Erste Adresse zum **Inlineskaten** ist das Djurgårdsbrons Sjöcafé auf Djurgården (s. S. 89). Dort kann man auch eine Ausrüstung leihen und man findet sich praktischerweise gleich im Herzen einer einzigartigen Skaterstrecke. Ebenfalls an dem Café können Fahrräder und **Kanus** ausgeborgt werden. Von dort sind die herrlichen Paddelreviere rund um Djurgården schnell zu erreichen und für Unverzagte ist die Innenstadt mit dem Stadtschloss dann auch gar nicht mehr so weit entfernt. Weitere hilfreiche Adressen zum Paddeln:
› www.08kajak.se, www.bkk.se

Mit seinen 14 Inseln und der ständigen Wasserpräsenz lädt Stockholm förmlich zum **Schwimmen** ein. Gute Bademöglichkeiten im Freien gibt es auf Långholmen ㊱ und im Smedsuddsbadet/Rålambshovsparken [ai] auf Kungsholmen, während die beiden in Södermalm liegenden Schwimmbäder Eriksdalsbadet und Forsgrenska Badet beliebte und moderne Publikumsmagneten sind. Eher zum Wohlfühlen und Entspannen gedacht sind das Centralbadet und das noch edlere Sturebadet.

S179 [cj] **Eriksdalsbadet**, Hammarby Slussväg 20, Södermalm, U-Bahn Skanstull, www.eriksdalsbadet.se, Tel. 08 50840258, Mo.–Do. 6.30–21, Fr. 6.30–20, Sa. 9–17, So. 9–18 Uhr

S180 [E7] **Forsgrenska Badet**, Medborgarplatsen 6, Södermalm, U-Bahn Medborgarplatsen, Tel. 08 50840320, Mo. 12–21, Di. 6.30–21, Mi. 6.30–18, Do. 6.30–21, Fr. 6.30–19, Sa. 9–16, So. 10–17 Uhr, im Sommer geschlossen

S181 [D2] **Centralbadet**, Drottninggatan 88, Norrmalm, U-Bahn Hötorget, Tel. 08 54521300, www.centralbadet.se, Sommer Di.–Sa. 10–20 Uhr, Winter Mo.–Fr. 7–21, Sa. 9–21, So. 9–18 Uhr

S182 [E2] **Sturebadet**, Sturegallerian 36, Östermalm, U-Bahn Östermalmstorg, Tel. 08 54501500, www.sturebadet.se, wochentags 6.30–22, Sa./So. 8.30–20.30 Uhr

Das Wasser mitten in der Stadt lädt zu sportlichen Aktivitäten ein

Für „**Passivsportler**" gibt es zwei neue, hochmoderne Sportarenen, die zum Bestaunen sportlicher Höchstleistungen einladen:
> **Friends Arena**, www.friendsarena.se
> **Tele2Arena**, www.tele2arena.se

Sprache

Kommunikationsprobleme aufgrund von Sprachbarrieren sind in Stockholm eher unwahrscheinlich. In den allermeisten Fällen wird man mit **Englisch** sehr weit kommen, da die meisten Schweden sehr gute Englischkenntnisse besitzen. Ähnliches, wenn auch nicht ganz so ausgeprägt wie im Englischen, gilt für die **deutsche Sprache**: Sehr häufig wird man auf seine in Schwedisch oder Englisch gestellten Fragen eine Antwort auf Deutsch bekommen.

Im Anhang dieses CityTrips findet sich eine kleine Sprachhilfe, die die wichtigsten Begriffe und Redewendungen umfasst (s. S. 132). Wer sich weitergehend mit dem Schwedischen befassen möchte, dem sei der Kauderwelsch-Band „Schwedisch – Wort für Wort" aus dem REISE KNOW-HOW Verlag ans Herz gelegt.

Stadttouren

Die Möglichkeiten einer geführten Stadttour in Stockholm sind vielfältig. Neben Boots- und Bustouren bieten sich aber auch andere Varianten an:
> **Strömma Sightseeing**, www.stromma. se, Tel. 08 12004000. Unter der Federführung des großen Fähranbieters Strömma haben sich verschiedene Tourenanbieter wie Stockholm Sightseeing, City Sightseeing oder Open Top Tours zusammengetan, um eine breite Angebotspalette unterschiedlicher Stadttouren anbieten zu können. Ausgangspunkte sind Strömkajen, Stadshusbron, Gustav-Adolfs-Torg und Mynttorget oder entlang der Routen der Hop-On-Hop-Off-Touren. Beispiele: Unter den Brücken Stockholms, 110 min, 220 Skr; Stockholm Grand Tour, Bus und Boot, 210 min, 430 Skr, Stadtspaziergang Gamla Stan, 75 min, 150 Skr, Bustour Hop-On-Hop-Off, 220 Skr, Stockholm Panorama Bustour 75 min, 260 Skr, Kleiner Schärengartenausflug, 180 min, 240 Skr.

●**183** [F4] **RIB Sightseeing**, Museikajen 1, Blasieholmen, U-Bahn Kungsträdgården, Tel. 08 202260, www.ribsightseeing.se, 1,5-Std.-Tour für ca. 475 Skr. Die PS-starken Motorboote machen diese Tour zu einem einzigartigen Erlebnis.

●**184** [E4] **Waxholmsbolaget**, www. waxholmsbolaget.se, Strömkajen (direkt vor dem Grand Hotel), Tel. 08 6795830. Wenn es um den Schärengarten geht, ist die Waxholm-Flotte unschlagbar. Auch viele thematische Ausflüge und Tagestouren.

> **KURZ & KNAPP**
>
> ### Sprachliche Kuriosa
> Im Schwedischen stößt man oft über sprachliche Kuriositäten. So existiert in der schwedischen Sprache ebenfalls das Wort *besserwisser*, das auch genau dies bedeutet. Genauso interessant ist, dass der ursprüngliche Familienname „Quisling" – Vidkun Quisling war Chef einer „nationalen Regierung" Norwegens während der NS-Besatzung – nun im Schwedischen die Bedeutung für (Landes-)Verräter erhalten hat. Und wenn man über den Begriff *wallraffar* stolpert, sind tatsächlich die sehr speziellen und investigativen Recherchemethoden des Journalisten Günter Wallraff gemeint.

Praktische Reisetipps
Telefonieren

› **Stockholmer Fahrradführungen,** Tel. 08 336001, www.stockholmadventures.se. In 2 bis 2,5 Std. können hier die Stockholmer Innenstadt und einige Außenbezirke mit dem Drahtesel entdeckt werden. Der Spaß kostet etwa 300 Skr, Helm und Regenponcho sind inklusive. Teilnehmen kann jeder, der Freude am Fahrradfahren hat. Auch Wanderungen, Paddeltouren oder Segeltörns sind im Angebot.

› **Upplev mer,** Stora Gråmunkegränd 14-12, Gamla Stan, U-Bahn Gamla Stan, Tel. 08 223005, www.upplevmer.se, 595 Skr für etwa 90 Min. In Gruppen von bis zu 10 Personen werden die Dächer auf Riddarholmen erklommen, um in 43 m Höhe eine andere Perspektive auf die Altstadt einzunehmen. Man ist am Seil gesichert, Helme werden gestellt. Englisch- und schwedischsprachige Führungen, auf Nachfrage auch auf Deutsch.

› **U-Bahn-Führungen,** und www.sl.se/konstakningar. In den Sommermonaten Touren durch die kunstvollen Bahnhöfe der Stockholmer U-Bahn. Es rückt täglich eine der Linien in den Fokus.

› **Catch&Relax,** Tel. 08 54491320, www.catchrelax.se. Wer seine Jägerinstinkte ausleben möchte, kann dies auf einem Angelausflug in den Schärengarten tun. Ob es dabei eher aufregend oder eher ruhig zugeht, bleibt jedem selbst überlassen. Ausrüstung samt Picknickkorb wird gestellt.

Rundflüge im Ballon bieten an:
- **185** [E2] **Live it,** Stureplan 15, Östermalm, U-Bahn Östermalmstorg, Tel. 08 12018242, Mo.–Fr. 10–19 Uhr, Sa. 10–17 Uhr, So. 12–16 Uhr, Flüge ab 1900 Skr. Außerdem Tandemsprünge, Helikopterflüge und vieles mehr im Angebot.
- **186** [C3] **Scandinavian Balloon AB,** Kungsgatan 73, Normalm, U-Bahn T-Centralen, www.balloons-sweden.se, Tel. 08 55640465, Normalpreis 1995 Skr, teilweise werden die Flüge im Internet günstiger angeboten
- **187** [E3] **Upp & Ner,** Regeringsgatan 25, Normalm, in der Gallerian-Einkaufspassage am Sergelstorg, Tel. 08 6440400, www.uppner.se. Flüge ab 1375 Skr, auch Stadttouren mit Segways (ab 395 Skr) und RIB-Motorbooten.

Telefonieren

Schweden verfügt über eine hochmoderne Telekommunikations-Infrastruktur. Neben den fast obligatorischen Breitband-Internetverbindungen, selbst in Kleinstädten und auf dem Lande, sind auch **Telefonzellen** an fast allen zentralen Punkten aufgestellt. Zumeist handelt es sich hierbei jedoch um Kartentelefone – die notwendigen **Telefonkarten** sind in Kiosken, Lebensmittelgeschäften, Tankstellen und natürlich bei den schwedischen Telefongesellschaften erhältlich. Die Telefonzellen sind multilingual und der Benutzer kann die gewünschte Sprache per Knopfdruck auswählen (wenn es nicht gerade ein vorderasiatischer Turkmenendialekt ist).

Ausgesprochen günstig sind auch **Prepaid-Karten**, mit denen man praktisch rund um die Welt telefonieren kann. So kostet beispielsweise mit einer bei www.phonecards.se erstandenen Karte die Minute nach Deutschland nicht einmal mehr einen Cent pro Minute. Mit diesen Karten kann man sowohl vom Festnetz als auch vom Handy ins Ausland telefonieren.

Als absolut praktisch und inzwischen auch relativ preiswert erweisen sich natürlich Mobiltelefone in

Schweden. Die Bestrebungen der EU-Kommission, die Roaming-Gebühren innerhalb der EU zu senken bzw. mittelfristig komplett abzuschaffen, machen sich inzwischen für den Endkunden positiv bemerkbar. Seit dem letzten Eingriff der Brüsseler Wettbewerbshüter im Juli 2013 sind die Preisobergrenzen für Handytelefonate im EU-Ausland festgeschrieben. (Abgehende Gespräche kosten maximal 24 Cent pro Minute und angenommene Telefonate maximal 7 Cent, SMS kosten 8 Cent, jeweils zzgl. Mehrwertsteuer.)

Bei längeren Aufenthalten in Schweden kann es sich lohnen, sein Handy mit einer schwedischen Prepaid-Karte auszustatten. Telefonate innerhalb Schwedens werden so um ein Vielfaches billiger und von daheim kann man auf der neuen schwedischen Nummer angerufen werden, ohne Roaminggebühren zu bezahlen. Die SIM-Karten können in den meisten Kiosken wie z. B. 7-Eleven erstanden werden. Infos gibt es unter:
› www.telia.se

Vorwahlen

Bei nationalen Gesprächen innerhalb Schwedens, egal ob ins Mobil- oder Festnetz, wählt man immer die jeweilige Ortsvorwahl mit der „0". **Die Ortsvorwahl für Stockholm** ist die 08, bei einem Anruf ins Festnetz von Stockholm wählt man also die „08" vor der eigentlichen Nummer. Die **Vorwahl für Schweden** ist die 0046.

Für **Telefonate aus Schweden** gelten folgende Vorwahlen:
› Deutschland: 0049
› Österreich: 0043
› Schweiz: 0041

› www.comviq.se (Besonders preiswert für Telefonate von Schweden ins Ausland ist der Tarif „Amigos".)
› www.telenor.se

Preislich sehr attraktiv sind auch die Angebote vieler Internetcafés (s. S. 115). Online („Voice over IP") kann man dort zu kleinen Preisen mit der Heimat telefonieren.

Uhrzeit

In Schweden gilt wie auch in Deutschland, Österreich und der Schweiz die **Mitteleuropäische Zeit (MEZ)**. Ebenso wie im kontinentalen Mitteleuropa werden auch in Schweden die Uhren Ende März auf die Mitteleuropäische Sommerzeit (MESZ) umgestellt, um dann im Herbst wieder eine Stunde zurückgestellt zu werden.

Unterkunft

Die Stockholmer Hotellandschaft ist breit gefächert. Von der einfachen Schlafgelegenheit im Schlafsaal der Jugendherbergen *(Vandrarhem)* bis hin zur exquisiten Nobelsuite in der Luxusherberge – die schwedische Hauptstadt lässt keine Wünsche offen. Erster Anlaufpunkt für Unterkunftsuchende wird die **Touristeninformation** sein (s. S. 113). Hier erhält man eine informative Broschüre über die Unterkünfte der Stadt. Für Frühbucher ist folgende Website zu empfehlen:
› www.visitstockholm.com

Besucher, die mit Auto anreisen, sollten bei dem Hotel unbedingt nachfragen, ob und zu welchen Konditionen **Parkmöglichkeiten** vorhanden sind.

Hotelkategorien

€	bis 800 Skr (bis ca. 90 €)
€€	800–1200 Skr (ca. 90–135 €)
€€€	1200–1600 Skr (ca. 135–180 €)
€€€€	1600–2100 Skr (ca. 180–235 €)
€€€€€	ab 2100 Skr (ab ca. 235 €)
	(Preis für ein DZ/Nacht)

Wichtiges und zugleich Kurioses gilt es über die Übernachtungspreise zu berichten: In den Sommermonaten reisen zwar viele ausländische Besucher an, dafür jedoch machen die Stockholmer und die übrigen Schweden Urlaub im Ausland oder in der eigenen *Stuga* (Hütte). Zudem bleiben in der heißen Jahreszeit die nicht zu unterschätzenden Geschäftsleute und Konferenzgäste aus. Dies bedeutet, dass die meisten Hotels **spezielle Sommerpreise** anbieten, die in der Regel um einige Hundert Schwedische Kronen günstiger ausfallen, in Ausnahmefällen kann es sich aber auch schon mal um noch bedeutendere Beträge von über 1000 Skr handeln!

Zudem unterscheidet man in Stockholm häufig zwischen **Wochenend- und Wochentagtarifen**: In der Woche fallen die Preise (teilweise deutlich) höher aus als am Wochenende. Um einen generellen Preisvergleich zu ermöglichen, werden in diesem Abschnitt die Wochentagspreise, also die teuerste Variante, angeführt. Einige Hotels bieten im Sommer spezielle Sonderangebote (z. B. 3 Übernachtungen für den Preis von 2) an – allerdings ist das häufig nur in Schwedisch angeschrieben. Es lohnt sich also nachzufragen!

Untere Preiskategorie

188 [F5] **Af Chapman** €, Flaggmansvägen 8, Skeppsholmen, U-Bahn Kungsträdgården, anschließend 800 m Fußweg, Tel. 08 4632266, www.stfchapman.com. Wortwörtlich das Flaggschiff unter den Stockholmer Hotels! Das beeindruckende Segelschiff ist mittlerweile zu einem Wahrzeichen der Stadt geworden, allerdings sind nicht alle Übernachtungsmöglichkeiten direkt auf dem renovierten Dreimaster untergebracht.

189 [C2] **City Backpackers Hostel** €, Upplandsgatan 2a, Norrmalm, U-Bahn T-Centralen, Tel. 08 206920, www.citybackpackers.org. Das Hostel liegt noch im Zentrum von Stockholm, Waschmaschinennutzung möglich (50 Skr).

190 [D3] **City Lodge Hostel** €, Klara Norra Kyrkogata 15, Norrmalm, U-Bahn Hötorget, www.citylodge.se, Tel. 08 226630. Zentraler geht es kaum noch. Einfache und günstige Unterkunft mit Waschmaschinennutzung (70 Skr) und Fahrradverleih.

191 [ai] **Långholmen Vandrarhem** € und **Hotel** €€€, Långholmsmuren 20, Långholmen, U-Bahn Hornstull, Tel. 08 7208500, www.langholmen.com. Im ehemaligen Gefängnis schläft man selbstverständlich in umgebauten Zellen, man wiegt sich also wortwörtlich in Sicherheit.

192 [D6] **The Red Boat Mälaren** €-€€, Södermälarstrand Kajplats 10, Södermalm, U-Bahn Slussen, Tel. 08 6444385, www.theredboat.com. Für alle, die bei leichtem Wellengang einschlafen wollen. Jugendherberge und Hotel in einem.

193 [D7] **Tre Små Rum** €, Högbergsgatan 81, Södermalm, U-Bahn Mariatorget, Tel. 08 6412371, www.tresmarum.se.

Unkonventionell geführte, beliebte und daher ständig ausgebuchte Unterkunft. Frühzeitig buchen!

🏠**194** [A3] **Vandrarhem Fridhemsplan** €-€€, St. Eriksgatan 20, Kungsholmen, U-Bahn Fridhemsplan, Tel. 08 6538800, www.fridhemsplan.se. Kürzlich renoviert, zählt sie zu den beliebtesten Unterkünften im eher ruhigen Kungsholmen.

Mittlere Preiskategorie

🏠**195** [C3] **Adlon** €€€, Vasagatan 42, Norrmalm, U-Bahn T-Centralen, Tel. 08 4026500, www.adlon.se. Ein gutes Hotel, das von seiner Innenstadtlage profitiert.

🏠**196** [E6] **Anno 1647** €€€, Mariagränd 3, Södermalm, U-Bahn Slussen, Tel. 08 4421680, www.anno1647.se. Eines der etabliertesten Häuser der Stadt mit zuvorkommendem Personal. Idealer Ausgangspunkt, um die Altstadt oder Södermalm zu erkunden.

🏠**197** [C2] **Bema Hotell** €€, Upplandsgatan 13, Norrmalm, U-Bahn Rådmansgatan, Tel. 08 232675, www.hotelbema.se. Preiswerte Unterkunft in günstiger Lage. Das Frühstück wird teilweise aufs Zimmer gebracht.

🏠**198** [D3] **Central Hotel** €€€, Vasagatan 38, Norrmalm, U-Bahn T-Centralen, Tel. 08 56620800, www.profilhotels.se. Wie der Name schon sagt: Das moderne Hotel liegt mitten im Stadtzentrum am Hauptbahnhof.

🏠**199** [F7] **Columbus Hotell** €€€, Tjärhovsgatan 11, U-Bahn Medborgarplatsen, Tel. 08 50311200, www.columbus.se. Angenehmes Hotel mit jungem Publikum im angesagten Södermalm.

🏠**200** [B3] **Clarion Hotel Amaranten** €€, Kungsholmsgatan 31, Kungsholmen, U-Bahn Rådhuset, Tel. 08 6925200, www.nordicchoisehotels.se. Großes Hotel in noch guter Fußentfernung zur City.

Das beleuchtete Jugendherbergsschiff AF Chapman bei Nacht

Unterkunft

🏨 **201** [B1] **Gustav Vasa Hotel** €€€, Västmannagatan 61, Vasastan, U-Bahn Odenplan, Tel. 08 12090000 (Buchung), Tel. 08 12090300 (Rezeption), www.gustavvasahotel.se. Die Kombination aus Dielen, Stuck und hohen Decken ist das Erfolgsgeheimnis dieses bemerkenswerten Quartiers, das zur Ibisgruppe zählt und auch einen modernen Hotelteil umfasst.

🏨 **202** [D1] **Hotel Hellsten** €€€, Luntmakargatan 68, Norrmalm, U-Bahn Rådmansgatan, Tel. 08 6618600, www.hellsten.se. Ein Hotel zum Wohlfühlen in ruhiger, zentrumsnaher Umgebung.

🏨 **203** [E5] **Lady Hamilton** €€€€, Storkyrkobrinken 5, Gamla Stan, U-Bahn Gamla Stan, Tel. 08 50640100, www.thecollectorshotels.se/en/lady-hamilton. Niveauvolles und traditionsreiches Haus in der Altstadt. Liebevoll eingerichtete Zimmer und ausgezeichnetes Frühstücksbüfett, das allerdings auch extra kostet.

🏨 **204** [E5] **Lord Nelson** €€€, Västerlånggatan 22, Gamla Stan, U-Bahn Gamla Stan, www.lordnelsonhotel.se, Tel. 08 50640120. Nach eigener Auskunft das schmalste Hotel der Stadt. Das beeinträchtigt die Qualität des Hotels keineswegs, im Gegenteil: Hier findet man noch das gewisse Etwas.

🏨 **205** [D5] **Mälardrottningen** €€, Riddarholmen, U-Bahn Gamla Stan, Tel. 08 12090000 (Buchung), Tel. 12090200 (Rezeption), www.malardrottningen.se. Auf dem Wohnschiff im Riddarfjärden begrüßt einen wahlweise der Ausblick nach Södermalm, zur Altstadt oder zum Stadshuset.

🏨 **206** [D6] **Rival Hotel** €€€€, Mariatorget 3, Södermalm, U-Bahn Mariatorget, Tel. 08 54578900, www.rival.se. Wer gerne im Hotel vom ABBA-Mitglied Benny Andersson nächtigen möchte, ist hier richtig. An Wochenenden sind Zimmer wesentlich günstiger.

Gehobene Preiskategorie

🏨 **207** [E4] **Grand Hotel Stockholm** €€€€€, Södra Blasieholmshamnen 8, Norrmalm, U-Bahn Kungsträdgården, Tel. 08 6793500, www.grandhotel.se. Der Klassiker in Stockholm: Edel und vornehm in bester Innenstadtlage am Wasser.

🏨 **208** [F3] **Hotel Diplomat** €€€€€, Strandvägen 7c, Östermalm, U-Bahn Östermalmstorg, Tel. 08 4596800, www.diplomathotel.com. Eines der besten Häuser der Stadt in einzigartiger Lage am Nybroviken.

🏨 **209** [E2] **Kung Carl Hotell** €€€€€, Birger Jarlsgatan 21, Östermalm, U-Bahn Östermalmstorg, Tel. 08 4635000, www.hotellkungcarl.se. Edle Unterkunft in guter Lage am Stureplan. Ein sehr gutes Restaurant befindet sich hier ebenfalls.

🏨 **210** [E5] **Victory Hotel** €€€€€, Lilla Nygatan 5, Gamla Stan, U-Bahn Gamla Stan, Tel. 08 50640000, www.victoryhotel.se. Niveauvolles Hotel mit Flair, die attraktive Altstadt liegt direkt vor der Tür.

Am Flughafen Arlanda

🏨 **211** [C3] **Jumbohostel** €€, Jumbovägen 4, bei der Anfahrt zum Terminal, Tel. 08 59360400, www.jumbostay.se. Übernachten in einer umgebauten Boing 747, die Suite hat im Cockpit ihren Platz gefunden.

🏨 **212** **Radisson Blu SkyCity Hotel** €€€, Hauptterminal Arlanda Flughafen, www.radissonblu.com, Tel. 08 50674000. Näher am Abreiseort geht es nicht: Das Hotel liegt direkt im Flughafengebäude.

Bed and Breakfast

❯ **Bed and Breakfast Center Stockholm**, Tel. 8401004, www.stockholm-bed-and-breakfast.se. Es werden auch Apartments angeboten.

Verkehrsmittel

Gleich vorweg: Wenn man sich in Stockholm fortbewegen möchte, ist es eine gute Idee, auf die öffentlichen Verkehrsmittel des Nahverkehrsunternehmens **Storstockholms Lokaltrafik**, kurz **SL** (www.sl.se), vor allem auf die **U-Bahn** (*Tunnelbana*, kurz *T-bana*), zurückzugreifen. Neben so verkehrstechnisch wichtigen Eigenschaften wie schnell, zuverlässig und günstig beschreiben Adjektive wie schön, sicher und sauber die U-Bahn auf trefflichste Weise. Stockholms U-Bahn-Stationen werden auch gerne als „**längste Kunstgalerie der Welt**" tituliert. Beinahe alle U-Bahn-Stationen können Kunstwerke in den unterschiedlichsten Variationen präsentieren, weit über 100 Künstler haben sich an der Gestaltung beteiligt. Dafür sind vor allem im Innenstadtbereich die Stationen Kungsträdgården, T-Centralen und Rådhuset herausragende und bezaubernde Beispiele. Informationen zu Führungen durch den mit Kunstwerken gespickten Untergrund findet man unter:
› www.sl.se/art.

Wichtigster Knotenpunkt im aus drei Linien bestehenden U-Bahn-Netz (Blaue, Grüne und Rote Linie) ist die **Station T-Centralen** am Hauptbahnhof. Dies ist ebenfalls ein zentraler Punkt im weitverzweigten **Busnetz** der Stadt. Wer sich für den Bus entscheidet, sollte im Besitz eines Fahrscheins sein, der nur noch entwertet werden muss, denn ein Lösen im Bus kann mit Schwierigkeiten verknüpft sein. Auch bilden sich an den Bushaltestellen in den Stoßzeiten gerne längere Schlangen. Dann gilt es, sich geduldig anzustellen. Neben dem Hauptbahnhof gibt es an den Stationen Tekniska Högskolan (nach Roslagen und Vaxholm), Ropsten (nach Lidingö), Slussen (nach Nacka und Värmdö) und Gullmarsplan (nach Tyresö und Haninge) Anschlüsse in das nahe Umland.

Mit dem Stichtag 1. September 2013 wurden in Stockholm die Papierfahrscheine abgelöst. Am einfachsten reist man seitdem mit der blauen **SL-Access-Card** (auch „Reskassan" genannt). Man kann die Magnetkarte für 20 Skr erstehen und anschließend eine Summe zwischen 100 Skr und 1000 Skr auf die Karte laden. Die Karte ist an fast allen U-Bahn-Stationen, SL-Verkaufsständen und vielen Kiosken erhältlich. Sie kann auch dort oder am Automaten aufgeladen werden. Eine **einfache Fahrt** im Innenstadtbereich (auch die kürzeste Strecke erfordert immer zwei Zonen!) kostet damit 37,50 Skr. Für Intensivnutzer lohnt sich die **Tageskarte** (115 Skr, ermäßigt 70 Skr) oder das **3-Tages-Ticket** (230 Skr, ermäßigt 140 Skr).

Kinder unter 7 Jahren in Begleitung eines Erwachsenen fahren ebenso kostenlos wie bis zu 6 Kinder in Begleitung eines Erwachsenen mit gültigem Ticket an den Wochenenden ab Freitag 12 Uhr. In den meisten Bussen (bitte jeweils nachfragen!) darf man kostenfrei einen Kinderwagen plus Kind mitführen. Für einen leeren Kinderwagen muss jedoch ein Fahrschein gelöst werden. Das gleiche gilt grundsätzlich für alle Kinderwagen in der U-Bahn – egal ob mit oder ohne Kind. Auch wer über eine Stockholm Card verfügt, fährt kostenlos (s. S. 112).

› **Informationen** an den Informationsbüros am Hauptbahnhof ❾ oder am Slussen [E6], unter Tel. 08 6001000 oder im Internet unter www.sl.se

Noch flexibler ist man natürlich mit einem der zahlreichen **Taxis** (z. B. Taxi 020, Tel. 020 202020 oder Taxi Stockholm, Tel. 08 150000). In letzter Zeit häuften sich jedoch Beschwerden über teilweise recht abstruse Preisvorstellungen der Taxifahrer oder immense Unterschiede bei ein und derselben Strecke – und dies speziell in den Sommermonaten. Als Daumenregel kann man von folgenden Preisen für eine Fahrt von 10 km und 15 Minuten Dauer ausgehen: tagsüber ca. 220 Skr; abends/nachts ca. 300 Skr.

Eine besonders attraktive Art des öffentlichen Nahverkehrs sind die **Fährverbindungen** innerhalb des Stadtgebiets. Dabei verbindet die Djurgården-Linie die Stationen Slussen – Skeppsholmen – Djurgården – Nybroviken. Für die Fährverbindung gelten die Zeitkarten (z. B. Tagesticket), jedoch nicht die regulären SL-Einzeltickets. Fahrscheine können am Schalter, an Automaten oder auf dem Boot für 45 Skr (Kinder von 7–19 Jahren zahlen 30 Skr) erstanden werden.

In den wärmeren Jahreszeiten kann man von der Möglichkeit Gebrauch machen, auf öffentlich zugängliche Fahrräder, die sogenannten **Citybikes** (s. S. 119), umzusatteln. **Trampen** ist in Stockholm und Schweden unüblich!

Wetter und Reisezeit

Stockholm ist ein Reiseziel, das ganzjährig angesteuert werden kann. Zweifelsohne lockt der **Sommer** mit den nicht enden wollenden Tagen, den angenehmen Temperaturen und den zahlreichen Möglichkeiten für Freizeitaktivitäten in der Natur am meisten. Der Sommer ist ohne Frage die interessanteste Jahreszeit.

Dennoch können auch die anderen Jahreszeiten eine eigene Faszination ausüben, vor allem etwas abseits der Metropole. Der lange und dunkle **Winter** stellt die Besucher durchaus auf eine harte Bewährungsprobe, doch eröffnen sich beispielsweise auch fantastische Wintersportmöglichkeiten. Im **Frühjahr** scheint die Natur geradezu zu explodieren und um einen Indian Summer zu sehen, muss man im **Herbst** nicht den langen Weg nach Kanada in Kauf nehmen.

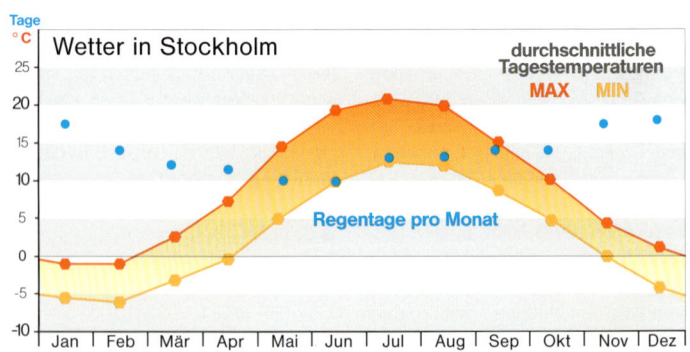

Anhang

Kleine Sprachhilfe

Die offensichtlichsten Besonderheiten des schwedischen Alphabets sind die **drei zusätzlichen Buchstaben Å, Ä und Ö**. (Ä und Ö sind im Deutschen nur Varianten von A und O.) Sie haben ihren Platz am Ende des Alphabets, was beim Nachschlagen von Wörtern wichtig sein könnte.

Dem Whiskey sei Dank: Aufgrund solch internationaler Wörter wie eben *Whiskey* oder auch *Wok* oder *Web* hat sich die Schwedische Akademie im Jahre 2006 nach gut 140 Jahren und 12 Ausgaben ihres Wörterbuches dazu durchgerungen, den Buchstaben „W" offiziell ins schwedische Alphabet zu übernehmen.

Hinsichtlich der Schreibweise sollte man wissen, dass im Schwedischen Wörter **kleingeschrieben** werden – Ausnahmen sind Eigennamen. Auch findet man beispielsweise den Namen Gustav(f) V(W)asa in allen möglichen Buchstabenkombinationen mit den Buchstaben *f, v* oder *w*. Gleiches findet man in ähnlichen Fällen ebenfalls bei den Buchstaben *C* und *K*.

Bezüglich der **Aussprache** können an dieser Stelle nur einige recht allgemeine Hinweise gegeben werden: Die schwedische Sprache hat eine gewisse Nähe zum Deutschen. Ein sehr hoher Anteil der schwedischen Wörter sind deutsche Lehnwörter und wer noch Plattdeutsch sprechen kann, hat es vielerorts leichter. Manchmal hilft es bei einer fehlenden Vokabel schon, einfach eine schwedische Endung an das entsprechende deutsche oder auch englische Wort zu setzen – häufig klappt es tatsächlich. Um Begriffe, Vokabeln und auch Zusammenhänge beim Lesen zu verstehen, sollte man Textpassagen einfach laut und bewusst lesen und schon eröffnet sich einem zumindest teilweise der Inhalt.

Häufig gebrauchte Wörter und Redewendungen

Zahlen

0	noll	17	sjutton
1	en/ett	18	arton
2	två	19	nitton
3	tre	20	tjugo
4	fyra	21	tjugoett
5	fem	30	tretio
6	sex	40	fyrtio
7	sju	50	femtio
8	åtta	60	sextio
9	nio	70	sjuttio
10	tio	80	åttio
11	elva	90	nittio
12	tolv	100	hundra
13	tretton		
14	fjorton		
15	femton		
16	sexton		

Basiswissen und Redewendungen

Ich	jag
Du	du
Ich heiße	jag heter

+++ NEU: Die wichtigsten Wörter mit dem Bonus-Audiotrack des Kauderwelsch-

Anhang
Kleine Sprachhilfe

ja	ja	Guten Morgen	god morgon
nein	nej	Guten Abend	god kväll
nicht	ej, inte	Das ist gut/O. K.	det är bra
Danke	tack	groß	stor
Bitte	varsågod	klein	liten
Entschuldigung	ursäkta, förlåt	sehr gut	jättebra
Guten Tag/Hallo	hej	natürlich	naturligtvis, självklart
Tschüss	hej då		

Was kostet …?	hur mycket kostar …?
Ich komme gleich	jag kommer strax
Ich habe es eilig	jag har bråttom
Ich verstehe (nicht)	jag förstår (inte)
Ich möchte gerne/hätte gerne …	jag skulle vilja ha …
Das macht Spaß	det är kul
Wie heißt du?	vad heter du?
Wie geht es dir?	hur mår du?
Was bedeutet …?	vad betyder …?
Was ist das?	vad är det?
Kannst du mir zeigen …?	kan du visar mig …?
Ist das wahr?	är det sant?
Erinnerst du dich …?	kommer du ihåg …?
Kannst du …?	skulle du kunna …?
Wie heißt das auf Schwedisch?	vad heter det på svenska?
Sprichst du …?	talar du …?
Wo liegt …?	var ligger/finns …?
Wie lange dauert es?	hur lång tid tar det?
Ich möchte gerne bezahlen	jag skulle vilja betala

Mann	man	Zeltplatz	tältplats
Frau	kvinna	Kirche	kyrka
Kind	barn	Museum	museum
Toilette	toalett	Schloss	slott
		Auto	bil
Wo?	var?	Bahnhof	station
Wann?	när?	Bus	buss
Warum?	varför?	Taxi	taxi
Was?	vad?	Tankstelle	bensinstation, mack
Wie (viel) …?	hur (mycket) …?		
		Motorpanne	motorstopp
Zimmer	rum	Autowerkstatt	bilverkstad
Haus	hus	Benzin	bensin
Ferienhaus/Hütte	stuga	Diesel	diesel
Jugendherberge	vandrarhem	Eisenbahn	järnväg
Hotel	hotell	Zug	tåg
Einzelzimmer	enkelrum	Fahrkarte	biljett
Doppelzimmer	dubbelrum	Flughafen	flygplats

AusspracheTrainers auf PC oder Smartphone lernen (siehe Umschlag hinten) +++

Anhang
Kleine Sprachhilfe

Deutsch	Schwedisch
Flugzeug	flygplan
Hafen	hamn
Schiff	båt, skepp
Fähre	färja
Fahrrad	cykel
Eingang	ingång
Ausgang	utgång
offen	öppet
geschlossen	stängt
Geld	pengar
Bank	bank
Münze	mynt
Geldschein	sedel
Post	post
Brief	brev
Briefmarke	frimärke
Paket	paket
Postkarte	vykort
Telefon	telefon
Polizei	polis
Fundsachen	hittegods
Apotheke	apotek
Arzt	läkare
Zahnarzt	tandläkare
Krankenhaus	sjukhus/ vårdcentral
Touristenbüro	turistbyrå
Schwimmbad	bad
Sauna	bastu
Kino	bio
Eintrittskarte	biljett
Fahrstuhl	hiss
Deutschland	Tyskland
deutsch	tysk

Zeitangaben

am Morgen	på morgonen
am Nachmittag	på eftermiddagen
am Abend	på kvällen
gestern	igår
heute	idag
morgen	imorgon
jetzt	nu
früher	tidigare
später	senare
Stunde	timme
Tag	dag
Nacht	natt
Woche	vecka
Monat	månad
Jahr	år
Montag	måndag
Dienstag	tisdag
Mittwoch	onsdag
Donnerstag	torsdag
Freitag	fredag
Samstag	lördag
Sonntag	söndag
10 Uhr	klockan tio
9.45 Uhr	kvart i tio
10.15 Uhr	kvart över tio
10.30 Uhr	halv elva
in 10 Min.	om tio minuter
vor 10 Min.	för tio minuter sedan

Unterwegs

geradeaus	rakt fram
links	vänster
rechts	höger
zurück	tillbaka
hier	här
dort	där
Stadt	stad
Altstadt	gamla stan
Zentrum	centrum
U-Bahn	tunnelbana, t-bana
Straße	gata, väg
Brücke	bro
Fluss	älv, å, flod
See	sjö
Insel	ö
Meer	hav
Schärengarten	skärgård

Einkaufen

bezahlen	betala
Markt	torg, marknad
(ein)kaufen	köpa, handla
Schlussverkauf	rea
Flohmarkt	loppis/ loppmarknad

Weitere Titel für die Region von REISE KNOW-HOW

Schwedisch
Wort für Wort
Karl-Axel Daude
978-3-89416-038-8
112 Seiten
Band 28
Umschlagklappen mit Aussprachehilfen und wichtige Redewendungen, Wörterlisten Schwedisch – Deutsch, Deutsch – Schwedisch
7,90 Euro [D]

AusspracheTrainer
Schwedisch
Axel-Karl Daude
978-3-8317-6048-0
Ca. 60 Min. Laufzeit
Die wichtigsten schwedischen Vokabeln und Floskeln aus dem Reisealltag
Muttersprachler sprechen vor, mit Nachsprechpausen und Kontrollwiederholungen
7,90 Euro [D]

Im Kauderwelsch Sprachführer sind Grammatik und Aussprache einfach und schnell erklärt. Wort-für-Wort-Übersetzungen machen die Sprachstruktur verständlich und helfen, das Sprachsystem kennenzulernen. Die Kapitel sind nach Themen geordnet, um sich in verschiedenen Situationen zurechtfinden und verständigen zu können – vom ersten Gespräch bis zum Arztbesuch. In einer Wörterliste sind die wichtigsten Vokabeln alphabetisch einsortiert und ermöglichen so ein rasches Nachschlagen. Einige landeskundliche Hinweise runden diesen handlichen Sprachführer ab.

www.reise-know-how.de

Stockholm mit PC, Smartphone & Co.

QR-Code auf dem Umschlag scannen oder http://ct-stockholm14.reise-know-how.de eingeben und den kostenlosen **CityTrip-Onlineservice** aufrufen!

★ **Anzeige der Lage und Luftbildansichten aller** beschriebenen Sehenswürdigkeiten und touristisch wichtigen Orte
★ **Routenführung** vom aktuellen Standort zum gewünschten Ziel
★ **Exakter Verlauf** der empfohlenen Stadtspaziergänge
★ **Audiotrainer** der wichtigsten Wörter und Redewendungen

Weitere kostenlose Downloads auf www.reise-know-how.de
auf der Produktseite dieses Titels unter „Datenservice":
★ **Faltplan als PDF mit Geodaten:**
Nach dem Speichern auch mobil nutzbar auf allen Geräten mit PDF-Reader. Für Smartphones/Tablets empfiehlt sich die App „PDF Maps" von Avenza™ mit einer breiten Funktionspalette.
★ **GPS-Daten aller Ortsmarken:**
einfacher Import in GPS-Geräte, Navis und Geosoftware auf PCs und mobilen Geräten.

Unsere App-Empfehlungen zu Stockholm

› **Appipelago – offline guide to the Stockholm archipelago:** Ein tolles Hilfsmittel für Ausflüge in den Schärengarten. Alle bedeutenden und weniger bedeutenden Inseln des Schärengartens werden in der Gratis-App vorgestellt. Detailliertere Beschreibungen einer ausgewählten Insel kosten dann jeweils 0,99 US$ (Basisversion kostenlos für iOS).
› **P-Stockholm:** Wann darf ich wo und wie lange mein Auto parken? Diese App hilft bei der Vermeidung von teuren Strafzetteln. Die Wochentage (wenn z. B. wegen Kehrarbeiten Parkverbot herrscht) sind nur auf Schwedisch angegeben, aber mit der kleinen Sprachhilfe im Anhang lässt sich auch dieses Problem meistern ... (gratis für Android und iOS).
› **Public Toilets in Stockholm:** Da braucht man nicht viel zu sagen. Diese sinnvolle und äußerst nützliche App hilft einem, ohne Druck den Stadtbesuch zu einem ungestörten Erlebnis zu machen (kostenlos für Android).
› **Abba All Lyrics:** Nicht nur für eingefleischte Fans der Popgruppe: Alle Stücke sind hier textlich festgehalten. Bei Unsicherheiten – nichts ist peinlicher, als mit Kopfhörer in der U-Bahn beim laut Mitsingen den Text zu vergessen – kann man hier offline schnell nachschlagen (gratis für Android).
› **Stockholm Wallpapers:** Mit den 40 Bildern dieser App kann man sein mobiles Endgerät schon vor der Reise verschönern (gratis für Android). Wohl von den Programmierern unbeabsichtigt integriert ist auch ein Bilderquiz: 2 Fotos, die definitiv nicht in Stockholm aufgenommen worden sind, sind versehentlich dazwischengerutscht. Wer findet sie?!

Register

A
Alkoholgeschäfte 28
Altstadt 66
Altstadtgassen 72
Anreise 106
Antikmuseum 69
Antiquitäten 20
Antiquitätenmesse 15
Apps 136
Apotheken 116
Aquaria Vattenmuseum 93
Arlanda (Flughafen) 106
Arzt 115
Ausgehviertel 39
Auslandskranken-
  versicherung 115
Aussichtspunkt
  Fåfängan 96
Aussichtsturm 100
Autofahren 108

B
Baden 85, 122
Bahn 108
Barrierefreiheit 111
Bars 38
Bed and Breakfast 128
Bellman,
  Carl Michael 70
Benutzungshinweise 5
Bier-Klassen 27
Bier- und Whisky-
  Festival 14
Birger Jarl 85
Birger Jarls Torg 76
Blaue Halle 84
Bondeska Palatset 75
Bonniers Konsthall 46
Botschaften 111
Buchhandlungen 20
Busnetz 129

C
Cafés 35
Chronik der Stadt 55

D
Design 20
Diplomatische
  Vertretungen 111
Discos 38
Djurgården 53, 89
Djurgårdslinjen 49
DN-Galan 13
Drottninggatan 78
Drottningholm 102

E
EC-Karte 113
Einkaufen 18
Einkaufspassagen 19
Einkaufszonen 18
Einwohner 52
Eken Cup 13
Elitloppet 13
Engelbrektskyrkan 88
Erholung 48, 121
Essen 24
Events 12
Evert Taubes Terrass 50, 77

F
Fährverbindungen 130
Feinkost 20
Fernsehturm 100
Festivals 12
Finska Kyrkan 73
Fischrestaurants 34
Flanieren 16
Fliegen 106
Flohmarkt 23
Flughafen 106
Fotografiska Museet 46
Freilichtmuseum 94
Freizeitpark 93
Fremdenverkehrsamt 113
Fundsachen 118

G
Gamla Stan 53, 66
Garderobe 38
Gastronomie 29
Gefängnis Kronohäktet 99
Geldfragen 112
Geschichte 55
Getränke 27
Globen 100
Gröna Lund 93
Gustaf Vasa Kyrka 86
Gustav III. 57, 81
Gustav Vasa 56, 76

H
Hamngatan 78
Hauptbahnhof 78
Heumarkt 78
Historiska Museet 46
Hostels 125
Hotels 125
Hötorget 78

I
Imbisse 35
Industrialisierung 58
Informationsquellen 113
Inseln 101
Internet 115
Internetcafés 115
Internettipps 113

J
Järntorget 75
Joggen 121
Junibacken 93

K
Kaffeezeit 29
Kaknästornet 100
Kartenverlust 118
Kastell 82
Kastellholmen 82
Katarinahissen 95
Katarina Kyrka 96
Katarina-Viertel 96
Kaufhäuser 19
Kinder 116
Klima 130
Klubs 38
Kneipen 38
Königliches Stadtschloss 67

Register

Konserthuset 44, 79
Konzerte 43
Krankenhäuser 116
Krebssaison 14
Kreditkarte 113
Küche, schwedische 26
Kulinarischer Tagesablauf 28
Kulturangebot 54
Kulturfestival 14
Kulturhuset 80
Kungliga Biblioteket 88
Kungliga Humlegården 50, 88
Kungliga Operan 81
Kungliga Slottet 67
Kungsgatan 78
Kungsholmen 53, 83
Kungsträdgården 81
Kunst 20
Kunstszene 45
Kurztrip 8

L
Långholmen 99
Lebensmittel 21
Lebensmittelpreise 21
Leksaksmuseet 117
Lesben 120
Lidongöloppet 14
Lindgren, Astrid 87
Lisbeth Salander 63
Literaturtipps 114
Lokale 29
Luciadagen 15

M
Maestro-Karte 113
Marathon 13
Mariaberget 48, 97
Maria Magdalena Kyrka 97
Mariatorget 97
Markthallen 21
Medborgarplatsen 98
Medeltidsmuseet 67
Medizinische Versorgung 115

Midsommar 11, 13
Mietwagen 110
Mikael Blomkvist 63
Millennium-Trilogie 63
Milles, Carl 101
Millesgården 101
Mittelaltermuseum 67
Mitternachtslauf 14
Mittsommer 13
Mode 21
Modebewusstsein 41
Moderna Museet 46
Monteliusvägen 49, 97
Mosebacke Torg 96
Münzkabinett, Königliches 73
Museen 45
Museum Tre Kronor 68
Musikmuseet 117

N
Nachtleben 38, 98
Nationalfeiertag 13
Nationalmuseum 47
Naturhistoriska Riksmuseet 47
Niki de Saint Phalle 50
Nobelmuseum 72
Nobelpreis-Bankett 84
Nobelpreisverleihung 15
Nordisches Museum 89
Nordiska Museet 89
Norrmalm 53, 77
Notfälle 118
Notruf 118
Nytorget 99

O
Observatorium 86
Öffnungszeiten 118
Oper 43
Oper, Königliche 81
Östasiatiska Museet 47
Österlånggatan 73
Östermalm 53, 87
Outletcenter 23

P
Parken 109
Parks 48
Politik 54
Polizei 118
Popaganda 14
Porto 119
Post 119
Preisniveau 112
Pride Week 14

R
Radfahren 119
Rathaus 83
Rathausturm 85
Reichstag 66
Reisezeit 130
Restaurants 29
Rettungsdienste 118
Riddarholmen 75
Riddarholmskyrkan 76
Riddarhuset 75
Riddarhustorget 75
Riksdag 66
Rüstkammer, Königliche 69

S
Sankt Klara Kyrka 79
Schärengarten 101
Schatzkammer 69
Schloss Drottningholm 102
Schloss Ulriksdal 104
Schwedisch 132
Schwedische Krone 112
Schwimmen 122
Schwule 120
Secondhand 22
Sergels Torg 79
Shopping 18
Sicherheit 121
Skansen 94
Skavsta (Flughafen) 106
Skeppsholmen 82
Skeppsholmsbron 82
SL-Access-Card 129
Slottsbacken 73
Smaka på Stockholm 13

Register

Södermalm 53, 94
SoFo 99
Souvenirs 20
Sport 121
Sport- und Trekking-
 ausrüstung 23
Sprache 123
Sprachhilfe 132
Stadshuset 83
Stadtbibliothek 86
Stadtgeografie 52
Stadtgeschichte 55
Stadtmuseum,
 Stockholmer 95
Stadtschloss,
 Königliches 67
Stadtteile 53
Stadttouren 123
Stereotypen 61
Stieg Larsson 63
Stockholm Card 112
Stockholm
 Centralstation 78
Stockholmer Jazz Fest 14
Stockholm International
 Film Festival 14
Stockholm Open 14
Stockholms
 Stadsmuseum 95
Storkyrkan 70
Stortorget 71
Strandvägen 89
Stureplan 88

Supermarktketten 21
Surströmming 14, 25
Systembolaget 28

T
Tag des Schärendampfers
 (Skärgårdbåtens Dag) 13
Tankstellennetz 109
Taxi 130
Tekniska Museet 118
Telefonieren 124
Termine 12
Terroranschlag 60
Theater 43
Tickets 113
Tjejmilen 14
Touristeninformation 113
Trinken 27
Trinkgeld 29
Tunnelbana 129
Tyska Kyrkan 74

U
U-Bahn 129
Uhrzeit 125
Ulriksdal 104
Unterkunft 125

V
Vasa-Museum 92
Vasa (Schiff) 90
Vasastan 85
Västerås (Flughafen) 106

Västerlånggatan 72
Vegetarische Lokale 33
Veranstaltungen 12
Veranstaltungs-
 kalender 12, 113
Verkehrsmittel 129
Verkehrsregeln 110
Vikingarännet 15
Volksmusik 70
Vorwahlen 125

W
Wache, Königliche 69
Wachwechsels 69
Währung 112
Walpurgisnacht 13
Wechselkurs 112
Weihnachtsmärkte 15
Wetter 130
Wirtschaft 54
Wissensstandort 54
Wochenendausflug 8

Z
Zahnarzt 116
Zug 108

Die Autoren

Stefan Krull studierte Geschichte und Sport in Bielefeld, Uppsala und Malmö. Nach einigen längeren Ausflügen in die weite Welt zog es ihn seit seinem studentischen Austauschjahr in Uppsala immer wieder in die Länder Nordeuropas. Dabei stand Schweden am häufigsten auf seinem Reiseplan, wobei dann neben den attraktiven Regionen Südschwedens meist ein Reiseziel in der Region Stockholm, Uppsala, am Mälaren-See oder im Schärengarten angesteuert wurde. Heute lebt und arbeitet er in Potsdam.

Die kindliche Begeisterung für Astrid Lindgrens Helden legte den Grundstein für das Interesse an Skandinavien und die Sympathie für seine Bewohner. Unzählige Reisen in den Norden Europas und ein längerer Studienaufenthalt in Schweden folgten und machten **Lars Dörenmeier** zu einem überzeugten „Skandinavisten". Als freier Reisejournalist, Reiseleiter und Fotograf ist er nur selten in seinem Basislager Berlin anzutreffen. Wenn er nicht gerade skandinavische Metropolen oder die abgelegenen Landschaften des Nordens erkundet, bereist er insbesondere – privat wie auch beruflich – Ost- und Südostasien.

Schreiben Sie uns

Dieses Buch ist gespickt mit Adressen, Preisen, Tipps und Infos. Nur vor Ort kann überprüft werden, was noch stimmt oder was sich verändert hat. Unsere Autoren sind zwar stetig unterwegs und erstellen alle zwei Jahre eine komplette Aktualisierung, aber auf die Mithilfe von Reisenden können sie nicht verzichten.

Darum: Schreiben Sie uns, was sich geändert hat. Wenn sich die Infos direkt auf das Buch beziehen, würde die Seitenangabe uns die Arbeit sehr erleichtern. Gut verwertbare Informationen belohnt der Verlag mit einem Sprechführer Ihrer Wahl aus der über 220 Bände umfassenden Reihe „Kauderwelsch".

Bitte schreiben Sie an:
REISE KNOW-HOW Verlag Peter Rump GmbH, Postfach 140666, D-33626 Bielefeld, oder per E-Mail an: info@reise-know-how.de
Danke!

Liste der Karteneinträge

1. [E4] Reichstag (Riksdag) S. 66
2. [E4] Mittelaltermuseum (Medeltidsmuseet) S. 67
3. [E4] Königliches Stadtschloss (Kungliga Slottet) S. 67
4. [E5] Storkyrkan S. 70
5. [E5] Stortorget S. 71
6. [E5] Tyska Kyrkan S. 74
7. [E5] Järntorget S. 75
8. [D5] Riddarholmen S. 75
9. [D4] Hauptbahnhof (Stockholm Centralstation) S. 78
10. [D3] Heumarkt (Hötorget) S. 78
11. [D3] Sankt Klara Kyrka S. 79
12. [D3] Sergels Torg S. 79
13. [D3] Kulturhuset S. 80
14. [E3] Kungsträdgården S. 81
15. [E4] Königliche Oper (Kungliga Operan) S. 81
16. [G5] Skeppsholmen und Kastellholmen S. 82
17. [C4] Stadshuset (Rathaus) S. 83
18. [C1] Gustaf Vasa Kyrka S. 86
19. [C1] Observatorium S. 86
20. [E2] Stureplan S. 88
21. [E2] Kungliga Humlegården S. 88
22. [G3] Strandvägen S. 89
23. [G4] Nordisches Museum (Nordiska Museet) S. 89
24. [G4] Vasa-Museum (Vasamuseet) S. 92
25. [G4] Junibacken S. 93
26. [G5] Aquaria Vattenmuseum S. 93
27. [H5] Gröna Lund S. 93
28. [H5] Skansen S. 94
29. [E6] Stockholmer Stadtmuseum (Stockholms Stadsmuseum) S. 95
30. [E6] Katarinahissen S. 95
31. [F6] Katarina-Viertel S. 96
32. [D6] Mariaberget S. 97
33. [D6] Mariatorget S. 97
34. [E7] Medborgarplatsen S. 98
35. [E7] SoFo S. 99
36. [A5] Långholmen S. 99
37. [dk] Globen S. 100
38. [eh] Kaknästornet S. 100
39. [ef] Millesgården S. 101
40. [ei] Schärengarten S. 101

🛍1. [D3] Åhlens S. 19
🛍2. [G2] Fältöversten S. 19
🛍3. [E3] Gallerian S. 19
🛍5. [E3] NK (Nordiska Kompaniet) S. 19
🛍6. [D3] PUB S. 19
🛍7. [E2] Sturegallerian S. 20
🛍8. [A2] Västermalmsgallerian S. 20
🛍9. [E3] Akademibokhandeln S. 20
🛍10. [C3] Kartbutiken S. 20
🛍11. [E6] 10 Swedish Designers S. 21
🛍12. [bh] R.O.O.M S. 21
🛍13. [D3] Hötorgshallen S. 21
🛍14. [F2] Östermalms Saluhallen S. 21
🛍15. [E7] Söderhallarna S. 21
🛍16. [E3] Acne S. 22
🛍17. [E6] Bruno S. 22
🛍18. [C6] Nitty Gritty S. 22
🛍19. [E3] Rodebjer S. 22
🛍20. [E4] Flohmarkt Vårberg S. 23
🛍21. [F7] Grandpa S. 23
🛍22. [F7] Lisa Larsson Second Hand S. 23
🛍23. [F7] Tjallamalla S. 23

🍴25. [cg] Clas på hörnet S. 29
🍴26. [E5] Den Gyldene Freden S. 29
🍴27. [H4] Godthem Wärdshuset S. 29
🍴28. [H5] Hasselbacken S. 30
🍴29. [E5] Källaren Movitz S. 30
🍴30. [E5] Kryp In S. 30
🍴31. [E5] Mårten Trotzig S. 30
🍴32. [F7] Nytorget Urban Deli S. 30
🍴33. [cj] Pelikan S. 30
🍴34. [B1] Tennstopet S. 30
🍴35. [D3] BarbeQue Steakhouse & Bar S. 30
🍴36. [E3] Berns S. 30
🍴37. [E1] Divino S. 30
🍴38. [H7] Fåfängan S. 31
🍴39. [E5] Restaurang Frantzén S. 31

Anhang
Liste der Karteneinträge

- ◐40 [D4] F12 Restaurant S. 31
- ◐41 [E6] Gondolen S. 31
- ◐42 [C2] Grill S. 31
- ◐43 [E3] KB (Konstnärsbaren) S. 31
- ◐44 [E2] Kung Carls Bakficka S. 31
- ◐45 [B4] Mamas and Tapas S. 32
- ◐46 [D4] Pong Asian S. 32
- ◐47 [E3] Prinsen S. 32
- ◐48 [A1] RAW S. 32
- ◐49 [D2] Rolfs Kök S. 32
- ◐50 [F7] Sardin S. 32
- ◐51 [E5] Sjättetunnan S. 32
- ◐52 [D6] Sjögräs S. 32
- ◐53 [B3] Spisa hos Helena S. 32
- ◐54 [bg] Stockholms Matvarufabrik S. 32
- ◐55 [E2] Sturehof S. 32
- ◐56 [E2] Vassa Eggen S. 33
- ◐57 [H4] Wärdshus Ulla Winbladh S. 33
- ◐58 [cj] Chutney S. 33
- ◐59 [F6] Hermans S. 33
- ◐60 [G3] Eriks Bakficka S. 34
- ◐61 [F3] Lisa på Torget S. 34
- ◐62 [B1] Wasahof S. 35
- ◐63 [E3] Wedholms Fiskrestaurang S. 35
- ◐64 [D3] Kungshallen S. 35
- ◐65 [E6] Strömming-Imbisswagen S. 35
- ◐66 [A3] Amy's Café S. 35
- ◐67 [G7] Bakverket S. 35
- ◐68 [H5] Blå Porten S. 35
- ◐69 [E5] Boutique de Chocolat S. 35
- ◐70 [C1] Café Blåbär S. 35
- ◐71 [A1] Café Levinsky's S. 35
- ◐72 [D3] Café Panorama S. 35
- ◐73 [D1] Café Piastowska S. 35
- ◐74 [F7] Café String S. 35
- ◐75 [F3] Café Tidemans S. 36
- ◐76 [bg] Café Valand S. 36
- ◐77 [E5] Chokladkoppen & Kaffekoppen S. 36
- ◐78 [D2] Citykonditoriet S. 36
- ◐79 [G4] Djurgårdsbrons Sjöcafé S. 36
- ◐80 [cj] Gunnarsons Specialkonditori S. 36
- ◐81 [D3] Konditori Vetekatten S. 36
- ◐82 [cj] Lisas Café S. 36
- ◐83 [A1] Mellqvist Bar S. 36
- ◐84 [E6] Muggen S. 37
- ◐85 [G3] Musiksalongen Gabriel & Hilda S. 37
- ◐86 [C2] Nybergs Konditori S. 37
- ◐87 [F3] Riddarbageriet S. 37
- ◐88 [B1] Ritorno S. 37
- ◐89 [ei] Rosendals Trädgard S. 37
- ◐90 [E3] Sturekatten S. 37
- ◐91 [A3] Thelins Konditori S. 37
- ◐92 [A1] Xoko S. 37
- ◐93 [C3] Icebar S. 41
- ◐94 [E4] Café Opera S. 39
- ◐95 [C3] Casino Cosmopol S. 39
- ◐96 [bg] Cliff Barnes S. 39
- ◐97 [G3] Elverket S. 40
- ◐98 [E5] Engelen/Kolingen S. 40
- ◐99 [C3] Fasching S. 40
- ◐100 [E7] 5emtio 4yra S. 40
- ◐101 [E7] Fenix S. 40
- ◐102 [E2] Glenn Miller Café S. 40
- ◐103 [E7] Gröne Jagaren S. 40
- ◐104 [C1] Hard Rock Cafe S. 41
- ◐105 [cj] Himlen S. 41
- ◐106 [E7] Högbergs S. 41
- ◐107 [D2] KGB Bar & Restaurant S. 41
- ◐108 [E7] Kvarnen S. 41
- ◐109 [D6] Marie Laveau S. 41
- ◐110 [E5] Medusa S. 41
- ◐111 [E6] Södra Teatern S. 42
- ◐112 [E2] Nalen S. 42
- ◐113 [E7] Östgötakällaren S. 42
- ◐114 [E3] Riche S. 42
- ◐115 [E2] Golden Hits S. 42
- ◐116 [E7] Snaps S. 42
- ◐117 [E2] Spy Bar S. 42
- ◐118 [E5] Stampen S. 42
- ◐119 [D1] Storstad S. 42
- ◐120 [E2] Sturecompagniet S. 42
- ◐121 [C1] Tranan S. 43
- ◐122 [F4] Wallmanns Salonger S. 43
- ◐123 [E3] China Teatern S. 43
- ◐124 [H5] Cirkus S. 43
- ◐125 [C2] Dansens Hus S. 43

Liste der Karteneinträge

- ◯126 [B6] Dockteatern Tittut S. 43
- ◯128 [C6] Folkoperan S. 44
- ◯129 [E4] Hamburger Börs S. 44
- ◯130 [D3] Konserthuset S. 44
- ◯131 [F3] Kungliga Dramatiska Teatern S. 44
- ◯132 [F4] Moderna Dansteatern S. 44
- ◯133 [C1] Odenteatern S. 44
- ◯134 [C3] Oscarsteatern S. 44
- ◯135 [A1] Pantomimteatern S. 44
- ◯136 [E6] Södra Teatern S. 44
- ◯137 [D3] Stadsteatern S. 44
- ◯138 [C2] Strindbergs Intima Teater S. 44
- ◯139 [dj] Teater Bambino S. 44
- ◯140 [B1] Teater Giljotin S. 44
- 🏛141 [H5] ABBA – The Museum and Swedish Hall of Fame S. 45
- 🏛142 [G5] Arkitektur- och designcentrum S. 46
- 🏛143 [F5] Bergrummet S. 46
- 🏛144 [B2] Bonniers Konsthall S. 46
- 🏛145 [F6] Fotografiska Museet S. 46
- 🏛146 [G3] Historiska Museet S. 46
- 🏛147 [F5] Moderna Museet S. 46
- 🏛148 [F4] Nationalmuseum S. 47
- 🏛149 [D4] Nationalmuseum@ Konstakademien S. 47
- 🏛150 [cf] Naturhistoriska Riksmuseet S. 47
- 🏛151 [F4] Östasiatiska Museet S. 47
- 🏛152 [G5] Spritmuseum S. 47
- ★153 [D5] Riddarholmskyrkan S. 76
- 📚154 [C1] Stockholms stadsbibliotek S. 86
- •155 [eh] Deutsche Botschaft S. 111
- •156 [G2] Österreichische Botschaft S. 111
- •157 [cg] Schweizer Botschaft S. 111
- ℹ158 [D4] Stockholm Tourist Information S. 113
- 📚159 [C1] Tidnings- och Tidskriftsbiblioteket S. 114
- ✚160 [D3] Apoteket C. W. Scheele S. 116
- ✚161 [bg] Karolinska Sjukhuset S. 116
- ✚162 [ah] Sankt Görans Sjukhuset S. 116
- ✚163 [cj] Södersjukhuset S. 116
- 🏛164 [dj] Leksaksmuseet S. 117
- 🏛165 [F3] Musikmuseet S. 117
- 🏛166 [eh] Tekniska Museet S. 118
- 🚔167 [B3] Polizei Hauptwache S. 118
- •168 [A3] Fundbüro Polizei S. 118
- •169 [D3] Fundbüro ÖPNV S. 118
- •170 [C4] Fundbüro Bahn S. 118
- 🍴171 [E2] Babs Kök & Bar S. 120
- ◯172 [bj] Copacabana S. 120
- 🍴173 [A4] Göken S. 121
- ◯174 [C5] Lady Patricia S. 121
- 🍴175 [A4] Mälarpaviljongen S. 121
- ◯176 [D6] Side Track S. 121
- ◯177 [D6] SLM – Scandinavian Leather Men S. 121
- ◯178 [E5] Torget S. 121
- 🅂179 [cj] Eriksdalsbadet S. 122
- 🅂180 [E7] Forsgrenska Badet S. 122
- 🅂181 [D2] Centralbadet S. 122
- 🅂182 [E2] Sturebadet S. 122
- •183 [F4] RIB Sightseeing S. 123
- •184 [E4] Waxholmsbolaget S. 123
- •185 [E2] Live it S. 124
- •186 [C3] Scandinavian Balloon AB S. 124
- •187 [E3] Upp & Ner S. 124
- 🛏188 [F5] Af Chapman S. 126
- 🛏189 [C2] City Backpackers Hostel S. 126
- 🛏190 [D3] City Lodge Hostel S. 126
- 🛏191 [ai] Långholmen Vandrarhem S. 126
- 🛏192 [D6] The Red Boat Mälaren S. 126
- 🛏193 [D7] Tre Små Rum S. 126
- 🛏194 [A3] Vandrarhem Fridhemsplan S. 127
- 🛏195 [C3] Adlon S. 127
- 🛏196 [E6] Anno 1647 S. 127
- 🛏197 [C2] Bema Hotell S. 127
- 🛏198 [D3] Central Hotel S. 127
- 🛏199 [F7] Columbus Hotell S. 127

Liste der Karteneinträge, Zeichenerklärung

🏨 200 [B3] Clarion Hotel Amaranten S. 127
🏨 201 [B1] Gustav Vasa Hotel S. 128
🏨 202 [D1] Hotel Hellsten S. 128
🏨 203 [E5] Lady Hamilton S. 128
🏨 204 [E5] Lord Nelson S. 128
🏨 205 [D5] Mälardrottningen S. 128
🏨 206 [D6] Rival Hotel S. 128
🏨 207 [E4] Grand Hotel Stockholm S. 128
🏨 208 [F3] Hotel Diplomat S. 128
🏨 209 [E2] Kung Carl Hotell S. 128
🏨 210 [E5] Victory Hotel S. 128
🏨 211 [C3] Jumbohostel S. 128

Zeichenerklärung

⓫	Hauptsehenswürdigkeit
✚	Arzt, Apotheke, Krankenhaus
❶	Bar, Bistro, Klub, Treffpunkt
❺	Kneipe, Pub, Biergarten
🅱 🅱	Bibliothek
ⓒ	Café
⊖	Fischlokal
🎭	Galerie
🛍	Geschäft, Kaufhaus, Markt
🏨	Hotel, Unterkunft
❶	Imbiss
❶	Informationsstelle
@	Internetcafé
🛏	Jugendherberge, Hostel
✝ ⇨	Kirche
🏛	Museum
♪	Musikszene, Disco
🅿	Parkplatz
⚑	Polizeistation
✉	Postamt
🍴	Restaurant
★	Sehenswürdigkeit
•	Sonstiges
🆂	Sporteinrichtung, Wellness
🎭	Theater
🌱	Vegetarisches Lokal
🅣	Tunnelbana (U-Bahn)
▬	Spaziergang Tag 1 (s. S. 8)
▬	Spaziergang Tag 2 (s. S. 10)
⬤	Shoppingareale
⬤	Gastro- und Nightlife-Areale

Hier nicht aufgeführte Nummern liegen außerhalb der abgebildeten Karten. Ihre Lage kann aber wie bei allen Ortsmarken im Buch mithilfe unserer Kartenansichten unter Google Maps™ gefunden werden (s. S. 136).